以我们的亲历亲见亲闻，记录城乡记忆，见证时代发展，谨以此庆祝中华人民共和国成立70周年暨人民政协成立70周年。

崇州文史资料

第三十三辑

四川省崇州市政协文史和学习委员会 编

 四川大学出版社

项目策划：何　静
责任编辑：袁　捷
责任校对：王　静
封面设计：墨创文化
责任印制：王　炜

图书在版编目（CIP）数据

崇州文史资料．第三十三辑 / 四川省崇州市政协文
化和文史资料委员会编．— 成都：四川大学出版社，
2019.4
　　ISBN 978-7-5690-3456-1

　　Ⅰ．①崇… Ⅱ．①四… Ⅲ．①文史资料－崇州 Ⅳ.
① K297.14

　　中国版本图书馆 CIP 数据核字（2019）第 302139 号

书　名	《崇州文史资料》（第三十三辑）
编　　者	四川省崇州市政协文化和文史资料委员会
出　　版	四川大学出版社
地　　址	成都市一环路南一段 24 号（610065）
发　　行	四川大学出版社
书　　号	ISBN 978-7-5690-3456-1
印前制作	石慧
印　　刷	四川盛图彩色印刷有限公司
成品尺寸	165mm×240mm
印　　张	13
字　　数	179 千字
版　　次	2019 年 12 月第 1 版
印　　次	2019 年 12 月第 1 次印刷
定　　价	68.00 元

扫码加入读者圈

四川大学出版社
微信公众号

前　言

　　《崇州文史资料》是由崇州市政协文化和文史资料委员会主编的文史类集刊，每年编辑出版一辑。

　　编委会从面向社会广泛征集的稿件中，经充分征求意见、慎重审校筛选和认真讨论研究，决定采用22篇，约20万字，配图80余幅，汇编成《崇州文史资料》第33辑，并根据稿件内容，设置了"要事亲历""政协之履""百年崇中""往事回眸""人物纪事""乡村记忆""改革开放"共7个栏目，彰显了崇州深厚的历史文化底蕴、丰富的人文地理特征，回顾了崇州政协的成立与发展历程。

　　本书在编印、出版过程中，得到了有关部门和领导的大力支持，在此一并致以诚挚的谢意。由于时间仓促，加之水平有限，难免有疏误之处，敬请批评指正。

《崇州文史资料》编委会

2019 年 12 月

目 录

要事亲历

1958 年，我在藏区剿匪

杨吉成 口述　杨勇 杨虎 采访整理

引　言

　　1949 年成都战役后，国民党李文兵团部分残军窜入西康省①。1950 年西昌战役中，胡宗南乘机逃离到台湾，国民党溃军 1 万余人被歼灭，2 万人四处逃散，少部分逃亡我国云、贵和邻邦缅甸，大部分逃入西康省②。西藏和平解放后，这些国民党残军和西藏康巴叛匪纠结在一起，蠢蠢欲动。1956 年起，因农奴主中一些上层反动分子的煽惑和外国敌对势力的支持，他们开始武装叛乱，烧杀抢掠，袭击进入藏区的解放军和汉族干部。1958 年，18 岁的崇庆县安阜乡青年学生杨吉成应征入伍，奔赴甘孜州，经历了战火的洗礼……

应征入伍

　　1939 年农历八月初五，我出生在崇庆县安阜乡三大队（今崇州市羊马镇安阜社区），一个叫赤脚堂（尼姑庵）的林盘里。我父母一共生了 13 个孩子，可惜只存活 4 个，按排行我是老五。

1958 年 2 月，寒风凛冽。当时，正在三江中学就读的我，接到了崇庆县兵役局的入伍通知，成了一名光荣的解放军战士。我激动不已，立刻回家向父母报告这个消息。听到我入伍的消息，母亲十分舍不得我离家。那时，我家里还有两个小弟和一个年幼的小妹，家境贫寒，我想通过当兵锻炼自己，同时也想找一条出路，为父母分忧。父亲比较支持，他说，好男儿志在四方，国家正是用人之际，你应该到部队里去锻炼。

1958 年 2 月，杨吉成接到县兵役局的入伍通知书

1958 年正月初五一大早，踏着满地的白头霜，父亲把我送到辰居路县委党校的坝子里参加集训。当时国家经济困难，我们领到的是从国民党那里缴获的旧军装，当然，早已换成了解放军的领章和帽徽。部队给每位新兵发了 20 个白芨子干锅盔③，作为行军干粮；每人领到了 6 元的津贴。我立即给了父亲 4 元，自己留下 2 元，花了 1.2 元买了一个搪瓷盅，身上只剩下 8 毛钱。

由于军情紧急，集训完后，部队要到康定集结。当时，还没有建川藏公路，我们走天全方向翻二郎山，步行进入康巴地区。从天全飞仙关地段起，荒郊四周布满了防御铁丝网。对于我来讲，这是生平第一次翻越这么高的山。经过艰苦的行军，我们到达康定。康定城里，到处都是身背步枪的藏族基干民兵。一天，时任内卫四团政治部主任的何金忠少校在动员大会上做重要讲话，他是一名老八路，国字脸，宽嘴唇，身高 1.75 米左右，典型的山东大汉，身穿没有领章的志愿军旧军装，头戴一顶软军帽，胸前挎着一部德国造 20 倍军用望远镜，镜头坠到腰间，威风凛凛。他神情庄重，讲话的声音洪亮，充满了对藏族同胞的深厚感情："同志们，首先祝贺你们光荣参加了中国人民解放军！今天你们到康定来，不是来享清福的！你们背负着光荣又艰巨的使命！在山那边，还有广大的藏族同胞处在水深火热之中，他们还在当牛做马，过着非人的农奴生活！还有一大批反动农奴主、反动大喇嘛、国民党残匪继续压榨盘剥他们，这些剥削阶层不愿意放下罪恶的鞭子！你们要去解放他们，每位同志都要为祖国的全面解放，为广大贫苦农奴的翻身做出最大的牺牲！……"

我站在队列里，昂头听首长讲话，心里感到壮烈的战斗岁月即将来临。

进入新兵连

我们被编入了新兵连，由新都桥向广袤的康巴藏区进发。中途连队在理塘集训了半个月后，部队向西行进到巴塘交接。根据前线需要，部队首长将新兵们重新进行了分配。我们列队站在操场上等候分配，其他战友陆续被各个部门领走，最后只剩下我一个人尴尬又疑惑地站在空荡荡的操场上。这时，一名负责分配新兵的干部用山东话笑着对身边的另一位干部说："这位如何？年轻、干练，又有文化，到你那里绝对好使！"随即，我被分配到通讯连当通讯员，领到了一把美国造卡宾枪和一把德国造 20 响毛瑟自动手枪。通讯连直属于团部，包括警卫班、无线电训练排、战马饲养班、侦察排，是全团的信息中枢，肩负着重要的任务。

部队每次出发搜索清剿时，每位战士要带一周的干粮，以及步枪 1 把、子弹 150 发（冲锋枪手带 "50 式" 冲锋枪 1 把、子弹 300 发）、手榴弹 4 只、背包 1 个、水壶 1 个、钢盔 1 顶、绑腿 1 副、雨衣 1 件、备用胶鞋 1 双、布袜子 2 双、毛巾 1 条、急救包1个、墨镜1副以及战斗笔记本等，负重70多斤。高原地带气候复杂多变，我们要穿越灌木林、沟壑、悬崖、雪山、草原、荒漠、烂泥塘等各种地带，还要克服高原反应。每次回驻地，军服上下都被荆棘撕成碎条，战士们个个头发杂乱、脸色黝黑、一身泥水，双脚底布满了血泡。康巴地区有些地方一年四季积雪，因作战需要，部队经常半夜在高原雪山中行进。雪地里行进十分困难，我们深一脚浅一脚，一路上只听见嘎吱嘎吱踩雪的声音。这种行军令人很疲劳，我们经常是边打瞌睡边走。在通讯连大半年，我经历了大小战斗多次，磨炼成了一名合格的战士。令我终生难忘的是，在一次战斗结束休整时，我忘了关上冲锋枪的保险，把枪托立放在地面，当我正准备坐下时，"啪啪啪"一串短点射从我额头边擦过，我当即吓得全身冷汗！此次教训后，每次战斗结束，我都牢记先将枪械的保险调至锁定状态，再去休息。当时，我们团里有几名排连干部是从国民党部队中起义过来的。有一次战斗休整间隙，我在攀谈中问他们："解放战争中国民党的装备大部分是美式装备和日式装备，远强于解放军，训练也不差，才三年时间，为什么就迅速被打垮了？"这些老兵深有感触地回答："主要是贪腐！国民党当时极度腐败，失去了民心！"

活捉段象贤

1958年，理塘拉波、濯桑、木拉等地以丁容阿称为首的叛匪3000人，以巴塘县县长俄巴曲批、国民党中将段象贤为首的护教军1500人，以稻城副县长阿一多为首的叛匪1500人，以及以乡城县县长冷龙达瓦为首的500名叛匪，共计6500人左右，由国民党空降特务甲多旺堆统一指挥，在康南一带进行反叛活动，企图在此扎根并长期从事破坏活动。我军由康定军分区副司令孔诚、白玉璋等组成前敌指挥部，各部队配合作战，清剿叛匪。从1958年3月到6月中旬，双方在康巴南部地区及金沙江左右区域以东、西两线展开了持续三个多月的战斗。经过前后两个阶段的清剿战斗，我军最后围歼叛匪大部，前后聚歼2300余人，政治争取1200余人，投降3000余人，击毙巴塘大叛首俄巴曲批，活捉段象贤，史称"康南战役"。

早在1958年3月，我军就派代表与段象贤等匪首在金沙江边谈判，但段象贤部拒不投降。当年4月，中央军委和周恩来总理直接打电话指示康定军分区：一定要活捉段象贤！作战指令立即以书面和口令形式分别下达到团部和一线部队。我军采用不求速战速决，慢慢收缩包围圈的消耗战法，历时两个多月，以"敲牛皮糖"的方式，逐步歼灭了国民党残军与叛匪的有生力量。这次战斗在海拔3000多米的甘孜州理塘县与老义敦交界处的中咱、芝多、次巫地带打响。其中哈尔拉战斗尤为激烈，炮弹密集砸向双方阵地。我军用1个营、1个炮连，154团协同内卫四团围歼匪军残部，敌人殊死抵抗，我方伤亡很大。在老兵的带领下，我们以"三三制"队形进行轮番攻击。在一个多月的艰苦战斗中，因炮弹爆炸冲击波的影响，我的听力受损。

我军活捉了段象贤后，由班长李洞山（仁寿人）带队，王玉、我和同乡三江人张文清、江源人刘福全（1957年和我同期入伍）等40多名侦察排战士负责押送段象贤和他的秘书等四五十名俘虏到巴塘县。我们一行人在途经红日贡村短暂休息时，当地藏族同胞相当愤恨这些土匪，用石头攻击他们，我还误挨了一石头。战斗结束后，我军缴获了大量的物资与金银珠宝。在我负责看守的喇嘛寺战利品仓库里，我生平第一次看到了金砖。金砖大约有一个半食指宽，一食指长。银砖、银锭要大一些。金砖、银圆、各种珠宝、瑞士手表、德国照相机等像小山一样堆在地上。我军纪律严明，值班看守的战士都是严格选拔出来的。我们严守纪律，坚守各自岗位。有一次，我轮换到户外警戒站岗，看到不远处用白土布包裹好的我军牺牲战士遗体就有20多具，这让我深切地感受到和平生活的来之不易。

成为一名骑兵

由于叛匪采用打游击的方式，我军机械化重装备无法施展，为进一步提高部队的作战能力，我军根据高原丛林战的实际需要，于 1958 年 8 月组建了骑兵侦察连，直属团部指挥。骑兵侦察连虽然是连级单位，但实际上是营级建制，由连部和三个侦察排组成。每个侦察排下辖 3 个班，每班 13 人，每人配一匹战马，每班还有一匹预备马。这些战马价值不菲，当时每匹就值人民币千余元。但最贵的是马鞍。这些马鞍做工相当精致，手工打造，以铜木为主胎，用银质花纹包边，纯羊毛垫毯，价值人民币三千余元。那时候，工人工资每月 26 元左右，大学毕业生月工资 48 元，因此部队规定，如果战马阵亡，人在，必须带回马鞍！

因高原地带气候恶劣，地形复杂，交通不便，每位战士所需的物资，需要后方 3～4 名后勤人员运送。全班配备 1 台 71 型无线电报话机，1 挺捷克式轻机枪，6 支"79 中正步枪"或日本"38 步枪"（1959 年换成苏联"762 步枪"），6 支"50 式冲锋枪"（1959 年换成 54 式新式冲锋枪）；排长及以上者，单独再配备德国造 20 响毛瑟自动手枪（1959 年换成 54 式手枪）。其他兄弟野战主力部队还配备了水冷式马克沁重机枪、82 毫米迫击炮、60 毫米迫击炮、火箭筒等。土匪的主要武器是英国马枪，使用大圆头子弹，也就是"二战"时英国的"李·恩菲尔德式"步枪，射程远、精度高、威力大，但枪身笨重。

作战前，骑兵侦察连是开路先锋，要先探明敌情，其战斗力的强弱是决定整个战事成败的关键。骑兵侦察连刚组建时，最大的困难是马术训练。我小时经常放牛，刚开始时，天真地认为骑马和骑牛一样，谁知刚骑上战马，就被马一抬后腿掀翻在地。老兵告诉我，骑马必须克服在马背上悬空的恐惧感，还要会用缰绳控制马的行进方向，掌握骑马行进、奔跑和马镫使用技巧。在此基础上，再逐渐升级到奔跑中在马鞍上上下翻越，倒夹马肚，骑马静态射击、行进射击、马队阵型训练，等等。侦察部队经常孤军深入，常遭遇短兵相接的情况，因此首先要训练战士们的格斗擒拿和单兵拼刺刀的战斗能力。我们在训练时，要求不要孤兵拼刺刀，至少要二人背靠背配合拼刺刀，才能最大限度地减少伤亡。遇到单兵拼刺刀时，最好背墙战斗，以防后背遇袭。不过，这只是理想状态，实战中，经常是在荒郊野岭作战，战友间的配合十分重要。骑兵每人还额外配了一把马刀，熟练准确的刀术也是骑兵必须掌握的军事技能。训练中，骑兵劈砍马刀时，要保护好马头和马身；在与敌骑兵冲击拼马刀时，基本上都是靠迎面一刀定乾坤。

在高原山地丛林作战，与步兵相比，骑兵除了随身枪支外，其他物资都驮在马背上，负重压力小了许多，能较好地保持体力，战斗力和机动性大大增强，因此照顾好战马对骑兵而言是非常重要的。在野外搜索作战，骑兵宁可自己挨饿，也要让战马吃饱。每天必须保证战马至少有二斤左右的胡豆、豌豆口粮，一天三顿，每顿喂食半斤多，再加上草原的嫩草，才能保证战马不掉膘，从而保持良好体力。我们配备的战马都是从军马场挑选出来的好马，骨骼健壮，耐力好，聪明精灵，懂得"卧倒、趴下、不出声音"等基本口令。野外侦察搜索时，经常要给战马的马蹄裹上土

1959年1月4日，义敦平叛战斗结束后，杨吉成骑大白马留影。这是配给他的第二匹战马，第一匹枣红马已经累死

布，以便在行进中保持安静。战马很聪明，知道战士们都备有干粮，常趁人不备，偷战士的干粮吃。夜间行军，时不时给战马嘴里塞点干粮，战马走起山路会特别卖力。

因我有初中文化，1958年8月至11月还被选送去学习卫生员必备医疗急救常识。

难忘的一次战斗

1959 年 1 月，我任侦察连侦察员。8 月 21—22 日，在海拔近 3900 米的甘孜州义敦县喇嘛寺旁，我经历了此生最难忘的一次战斗。

8 月 21 日早上 6 点，我们连从义敦县出发，向理塘县方向搜索前进，战斗在半山坡打响。经过一天的激烈追剿，我军击毙多名土匪，缴获了大量战马和枪支等。连部决定留下二排、三排负责押运战利品到义敦县西面山那边的理塘大喇嘛寺，一排和连部未吃早饭就返回义敦县曲登喇嘛寺附近的临时宿营地休整（部队不能住喇嘛寺，以防晚上被土匪包围袭击，只能在开阔地带和有掩体的地带宿营）。

22 日一早，一排和连部向东返回，二排、三排押运战利品向西进发。当一排和连部刚翻过义敦县与理塘县交界处的一条山脉，快到沟底时，突然遭到土匪的袭击。袭击的土匪较少，只有两三个，打了几枪后，就开始转移。连长戴志伯是打过淮海战役的老兵，面对眼前的土匪，以大无畏的英雄气概手握 54 式手枪一挥："小股土匪，大家跟我冲！"我在连长身边提醒道："连长，小心前面有埋伏！"但是他没采纳我的意见，继续带领全体指战员追击土匪。不久，我们陷入了土匪的包围，对方全是清一色的英国马枪，射程远、精度准、威力大。我方完全暴露在土匪的射程之内，受到前后夹击。这些土匪都是昨天追剿时的漏网之鱼，有七八十人。敌人的子弹在我们身边"嗖嗖"地钻地爆响，我们连忙抢占山头，我一边打手势让机枪手刘福全架起机关枪压制土匪的火力，一边掩护连长冲锋，连冲了两次都未成功！我与连长相隔六七米远，土匪的子弹密集地射向他的周围。因是草原开阔地带，连部报务员年寿久（1957 年参军，崇庆县城关人）的"71 型"无线电报话机无法架天线与二排、三排和团部联系。最严重的是，司号兵李少华（崇庆县人，初中文化）怯战，趴在草地上不敢吹军号。那时，军号是我军最有效的战斗指挥和联络方式，不能按照连长指示吹响战斗号令，就形不成有力的战斗队形。山那边的二排、三排只听到东边义敦方向枪声密集，但没有得到军号指令就不能贸然行动，我们陷入被动苦战。

战场上，机枪手承担着压制敌方火力的任务，是敌方重点打击消灭的对象，技术要求高，风险最大。上午 11 时许，副机枪手马建银（1959 年入伍，四川泸县人）重伤，子弹从他的右腰射入，从左下胯钻出，老兵称为"扯筒子"，很难救治。四川仁寿县人、副班长曾志刚主动承担机枪射击，不幸阵亡。他是 1956 年入伍的老兵、战斗技术尖子，外号"小脑壳"。三个月前，他就已接到退伍通知，准备回去成婚，半路上又被团部召回，让他再多带一些新兵，延迟半年退伍。战斗呈胶着状态，从早上八点过一直打到下午三四点。此时，刘福全向我摆手示意，已更换备用枪管的机枪不能继续开火了，不然敌方的火力全部压到这边。如果机枪手再被打掉，整个部队的战斗力会严重削弱！下午四点过，连长戴志伯带领我和部分战士再次发起冲锋时被子弹击中胸部，顿时血流如注，他一个踉跄倒下，我赶忙上去扶住他，手上沾满了鲜血，他当场牺牲。就在这时，子弹从我后背射入，从左前锁骨下钻出，打在 54 式冲锋枪枪管上，枪管被打烂。我连忙取下连长手里的 54 式手枪，将他的手表取下戴在我的手臂上（战后上交团部），继续和其他战友配合反击。当时，我带的 4 颗手榴弹已经甩完，战斗很惨烈，我们做了最坏的打算：绝不当俘虏！战斗到最后就自尽，谁敢后退，就执行战场纪律！

千钧一发之际，理塘方向的二排、三排终于循着枪声追寻过来。二排长、三排长分别带领队伍左右展开，发起对土匪的攻击。团部得到消息加派增援部队，迅速合围住围攻我们的土匪，战斗一直持续到下午六时，土匪开始瓦解，最后被全歼……我们终于脱险。

战斗结束后，连长戴志伯的遗体被横搭在马鞍上，慢慢地驮下山，战友们见状失声痛哭。牺牲战友的遗体用土白布包裹，柏木棺材装殓（那时不具备火化条件），统一安葬在义敦县烈士陵园。

此次战斗是我在康巴平叛三年多经历的大小战斗中，战斗最惨烈、我们班排伤亡最大、战斗时间最长、令我记忆最深刻的战斗。多年后，特别是每年的七八月份，我常在睡梦中再现这场战斗，梦见我在雪山下，在紫外线强烈的太阳下苦战，眼见连长牺牲，战友们牺牲、负伤……醒来后，更加怀念战友。

1959年春节，侦察连部分战友在巴塘县合影。照片后面，杨吉成认真备注了战友的姓名：曾志刚（前排左一，1959年8月22日上午11点过在西康义敦平叛战斗中牺牲），胡世友（前排左二），徐树成（前排右二，原崇庆县三江人，1957年入伍），吴长金（前排右一），胡国彬（二排左一，原宜宾县人），郑华安（二排左二，仁寿人），王树成（二排右二，大眉毛），王玉（二排右一），袁维安（三排左一），汪等青（三排中间），杨吉成（三排右一）

尾　声

1961年3月，经连部推荐，我参加了军校招考，经过严格的考核被中国人民解放军重庆步兵学校录取，进入该校军事大队学习。离开连队时，我把一些个人用品赠予副班长宿少林（1957年参军，崇庆县羊马场人），就此告别康巴地区，开始了新的军旅生涯。

注：

①1939年设置的旧省名，1955年撤销，今分属四川省和西藏自治区。

②参阅《成都文史资料》（第23、24合辑）所载《成都战役大事记》，中国文史出版社，1989年；西昌战役研究会、凉山州文史委2000年编《西昌战役文史专辑》。

③指一种行军干粮，用未经发酵的面粉制成，很铁实，耐饿。

政协之履

【编者按】为庆祝中华人民共和国成立 70 周年暨人民政协成立 70 周年，本辑专门设置了"政协之履"栏目，向政协老领导、老同志和民革、民进、民建、农工、民盟五个在崇州建立支部的民主党派组织征集相关资料，撰写了《走过 62 载的崇州政协》等共六篇文章，回顾了崇州政协的成立与发展的历程，总结了崇州政协坚持"团结、民主"两大主题，围绕中心，服务大局，带领政协委员认真履行三大职能，积极建言献策，推动崇州经济社会全面发展所取得的成绩；记录了崇州五个民主党派支部的源流、发展与开展社会服务工作的情况，以此纪念人民政协成立 70 周年。

走过 62 载的崇州政协

曹明理　余成茜

2019 年是中华人民共和国成立 70 周年，也是中国人民政治协商会议成立 70 周年，回忆并记录崇州政协所走过的历程，见证时代的变迁与进步，具有重要的现实意义和深远的历史意义。

一、崇州市政协的前身

1949 年 12 月 21 日，崇庆县解放。1950 年 1 月 1 日，派往温江专区及各县的南下干部抵达成都，中共温江地委遵照川西区党委的决定，安排南下干部到各县工作。1 月 5 日，中国人民解放军川西北临时军政委员会任命张敏为崇庆县军事代表。中共温江地委宣布张敏、姚体信、张竞组成中共崇庆县委员会，张敏为县委书记，并任命姚体信为县长。1 月 12 日，崇庆县人民政府成立。经过 86 天的艰苦工作，新生政权消灭了武装叛匪，全面接管了旧政权。

1950 年 3 月 31 日，崇庆县第一届各界人民代表大会在县城精诚戏院召开，历时 5 天。原定与会代表有 488 人，因为当时正值新中国成立初期，群众发动不充分，加之交通、治安条件不够好，实际与会代表只有 377 人，缺席 111 人。大会选出县第一届各界人民代表会议常务委员会，代行人民代表大会职权，兼有政治协商的作用，团结全县各界爱国人士，在民主改革和社会主义改造的各项工作中，发挥了重要作用。同时，组织各界爱国人士通过政治学习和工作实践，促进自我教育和自我改造。1950 年至 1954 年，召开了五次各届人民代表会议，并进行了换届选举。1954 年 7 月 11 至 12 日，崇庆县首届人民代表大会在大东街人民会场召开，至此县各界人民代表会议常务委员会完成历史使命，于 1955 年 12 月撤销。

1956 年 2 月，中共崇庆县委员会根据中共温江地委统战部《未设政协县成立各界人士学习委员会继续进行地方统一战线工作》的通知，成立了崇庆县各界人士学习委员会（简称学委会）。由县委统战部副部长张保生任学委会主任委员，民主人士石炳楠为副主任委员，城关联合诊所主任李尚先、崇庆中学副校长周毅强、第二中学教导主任周德拱、东学街小学校长周瑞瑶（女）、县工商联主任周承宗为委员。学委会设有教育界（9 人）、医卫界（3 人）、科技界（1 人）、文艺界（2 人）、社会界（2 人）、工商界（19 人）共 6 个界别，其主要任务是在中共崇庆县委的领导和四川省政协的指导下，组织和推动各界人士学习马列主义、毛泽东思想和时事政策，并通过报告会、参观、视察等形式，联系实际，开展批评与自我批评，促进自我教育、自我改造；协助党和政府宣传、贯彻党的方针、政策；配合文教、卫生、工商等部门开展工作。①

二、县政协的成立与发展

1957 年 2 月 16 日，经中共温江地委批准，中共崇庆县委邀请各民主党派成员、各人民团体、各界人士举行协商会议，讨论决定中国人民政治协商会议崇庆县委员会首届委员名单。22 日，崇庆县政协第一届委员会第一次会议在大东街人民会场举行，历时 3 天。出席会议的委员包括中共党员、民主党派、无党派民主人士、各人民团体和工业、农业、工商、教育、文化艺术、科学技术、医药卫生、体育、供销合作、宗教各界人士、特邀人士及其他人士等共 20 个界别 61 人，列席代表有 81 人。会议选举出第一届常务委员

1957 年 2 月 16 日，中共崇庆县委书记张林超当选政协崇庆县第一届委员会主席

会，中共崇庆县委书记张林超为县政协主席，何学培等 19 人为常委，这标志着崇庆县政协正式成立。会址设在大东街 63 号原肖笃玉（女）公馆内，1984 年初迁至昌明路 1 号政府大楼西侧。

从 1959 年 12 月至 1966 年 6 月，崇庆县政协先后进行了三次换届，产生了第二届至第四届委员会。崇庆县政协在中国共产党

"长期共存，互相监督"②的方针指引下，按照全国政协章程，团结和推动全县各界爱国人士积极参加社会主义革命和建设，为崇庆县的发展做出了贡献。

1966—1976年间，受"左"倾错误思想的影响，民主生活遭到破坏，一些政协委员受到冲击，被划为敌对阶级，成为专政对象，县政协陷于瘫痪，被迫停止工作，干部被调离政协机关，下放干校、农场。

1978年12月，中国共产党十一届三中全会召开，全国开展"拨乱反正"的各项工作，中共崇庆县委决定恢复县政协。县政协第五届委员会第一次会议于1980年11月23日在辰居路党校内举行，从此崇庆县政协进入全面建设社会主义新的历史时期，各方面工作有了新的变化，取得了新的成绩。

1980—2019年，崇州市政协按期进行了十次换届，产生了第五届至第十四届委员会。这十届委员会的常委、委员人数有了较大的增加，代表面也有所扩大，涵盖各行各业、各阶层的代表性人物，可谓智力密集、人才济济。老红军徐正刚、贾青山、任子田，原地下党负责人陈万堂、段贵纲，解放战争中南下老干部秦大鼎、荣佩秀、崔桂林等，在重庆援助抗战的开明士绅石炳楠，原国民党部队投诚起义将领吕雅堂、乐韶成等，科技、文教、卫生战线的骨干和劳动模范，如赴朝（鲜）慰问团成员徐惠彬，水电专家邓治安，作家温靖邦，以及省名中医杨崇华，崇庆中学校长王才秀、张万干，全国知名方志专家张伯龄，川剧艺术家谭金良等，新时期带头创业致富的企业家李正刚、李法可、俞华生、李元庆等，还有港台家属、宗教界人士都曾是政协委员或常委。③

政协崇州市第一届至第十四届委员会情况统计表

届别	主席	副主席人数	常委人数	委员人数
第一届 （1957.2—1959.12）	张林超	6	12	61
第二届 （1959.12—1963.4）	许　锐	4	15	63

届 别	主 席	副主席人数	常委人数	委员人数
第三届 （1963.4—1965.12）	许 锐	4	19	71
第四届 （1965.12—1966.6）	茹 彬	5	15	71
第五届 （1980.11—1984.2）	李 光	5	20	109
第六届 （1984.2—1987.2）	许养朴	6	20	164
第七届 （1987.2—1990.2）	范鼎文	6	32	176
第八届 （1990.2—1993.1）	范鼎文	6	32	177
第九届 （1993.1—1997.12）	罗开鑫	7	33	236
第十届 （1997.12—2003.1）	罗开鑫 黄道义	6	31	244
第十一届 （2003.1—2007.2）	张春生	6	41	253
第十二届 （2007.3—2012.2）	陈光源	6	40	233
第十三届 （2012.2—2016.11）	杨学明	6	45	245
第十四届 （2016.11至今）	杨火清	5	45	243

政协每届委员会召开全委会议期间，除了委员参会，还邀请四大班子老领导，各部门、各乡镇、驻崇单位主要负责人及政协机关干部列席。每届委员会都设有秘书长，2000 年以后，秘书长、副秘书长兼政协办公室主任、副主任。1957—2019 年，亢思忠、孙启愚、刘景文、张三印、余文明、龚选俊、陈溯涛、余林、刘天全和陈玲等十位同志先后担任第一届至第十四届秘书长（孙启愚、陈溯涛、刘天全三位同志曾连任）。根据职能职责，机关内设办公室、研究室、委组工作办公室和专门委员会，并根据

需要进行一定调整。为了推进人民政协履职能力建设，加强民主监督，按照法律法规和上级有关要求，优化专委会设置，更好地发挥专门协商机构的作用，2019年2月，根据《中共崇州市委关于印发〈崇州市机构改革实施意见〉的通知》（崇委发〔2019〕3号）文件的要求，政协组建、更名了相关专委会，现有农业和农村委员会、经济委员会、城乡建设和人口资源环境资源委员会、科教医卫体委员会、法制和民族宗教委员会、文化和文史资料委员会、提案委员会共七个专门委员会，委员分别编入相关委组开展活动。各专委会设置主任一人，副主任两人。

三、履职尽责　发挥作用

在中共崇州市委领导和上级政协组织的指导下，崇州政协坚持"团结、民主"两大主题，围绕中心，服务大局，认真履职尽责，积极建言献策，主要做了以下几项工作。

2016年11月28日政协崇州市第十四届委员会第一次全委会在崇州市艺术中心隆重召开

（一）组织学习，增进共识

组织各界人士学习，不断提高思想政治觉悟和科学文化知识水平是政协的一项重要工作。新中国成立之初，要让各界人士适应时代要求，使共产党的方针政策深入人心，就需要政协组织各界人士不断学习，促进自我教育与改造，提高思想政治觉悟。1978年以前，各界人士的学习活动受到"左"倾错误路线的干扰，使受教育者受到了不同程度的伤害。党的十一届三中全会以后，拨乱反正，坚持"不抓辫子、不打棍子、不戴帽子、不装袋子（档案）"的原则，营造民主、和谐的氛围，政协学习走上正轨。通过邀请专家、教授来崇宣讲中央、省、市重大会议决议精神，学习党的方针、政策、理论、时事，起到了团结人、教育人、凝聚人心、汇集力量的作用，收到了很好的效果。

近年来，我市政协完善了学习制度，丰富了学习内容，采取党组会、中心组学习会、常委会、党小组会、全体干部职工大会等形式，围绕习近平新时代中国特色社会主义思想、中共十九大精神、习近平总书记对四川及成都工作系列重要指示精神，以及四川省委、成都市委、崇州市委和政协系统党建工作座谈会的精神，组织开展了系列学习贯彻活动。邀请省、市政协有关领导和专家对全体政协委员和政协机关干部进行履职培训；第十四届委员会自换届以来，先后组织各专委会主任、副主任和部分政协委员赴北戴河、青岛参加全国政协组织的地方政协干部（委员）培训，大大增强了委员的荣誉感、使命感和责任心，进一步提高了大家"懂政协、会协商、善议政"的能力和水平。

（二）开展视察调研，履行三大职能

政治协商、民主监督、参政议政是人民政协的三大光荣职责，是我国政治生活中发扬社会主义民主的一种重要形式。通过召开全委会、常委（扩大）会、主席办公会，列席市委常委会、人大全委会、常委会的形式，就全市贯彻执行中央、省、市有关方针政策的情况，以及事关全市经济改革、社会建设、人民群众生产生活中的重大问题、重大事项开展界别协商、专题协商，参与讨论，提出意见建议。1999年至2016年，民革、民进、民建、农工、民盟五个民主党派先后在崇州成立支部。目前，这五个民主党派中有66名党（成）员是政协委员（其中，成都市政协委员1人，崇州市政协委员64人，阿坝州政协委员1人），他们代表民主党派通过参加政协的视察调研活动，撰写提案，反映社情民意，助推崇州经济和社会各项事业的健康发展，充分体现了中国共产党领导的多党合作和政治协商制度的优越性，推动社会主义民主政治建设。

通过向政法、行政执法部门及电力、工商、城管等"窗口"行业推荐、委派委员担任特邀监督员和政风、行风评议员的形式，开展民主监督，为有关单位依法行政、改进作风、提升效能起到了积极作用。近年来，我市政协创新民主监督机制，丰富民主监督内容。聚焦"三治一增"④，由主席会议成员牵头，组织委员对三江镇石鱼河、燎原乡千功堰一支渠的重拳治水，崇阳街道滨江新城的铁腕治霾，"成都治堵十条"和全域增绿等工作的落实，深入开展民主监督；聚焦非遗保护利用和绿道建设，进行专题协商，协商成果以《政协工作简报》形式报送市委、市政府参考；聚焦民生工作，对社区治理、食品药品、安全生产等工作开展民主监督，及时将监督意见建议反馈给相关单位，切实推动民生改善。

了解实情是政协履行参政议政职能的有效形式和重要工作，市政协围绕市委、市政府各个时期的中心工作、重点项目建设及有关政策贯彻执行情况，组织委员开展相关视察、调研工作。2018年，重点围绕优质粮油、智能制造、康养旅游、生态建设、民生福祉等中心工作，先后对我市优质粮油产业园、成都电子信息协同创新园、三郎陇海国际旅游度假区、301医院青城国际颐养中心、集贤乡凡朴生活圈、道明镇竹艺村、崇州市博物馆建设进行了5次常委会视察；围绕智慧医疗、学前教育、民族宗教、法检两院工作、安全生产以及依法行政等开展了7次主席会议视察；围绕打造崇州城市"会客厅"、创建国家新型工业化（大数据）产业示范基地、创建全域旅游示范区、发展优质粮油等5个重点课题开展了专委会委员调研；组织委员明确主题，赴先进地区参观学习，拓宽视野，增长见识，形成有针对性和可操作性的调研报告提交党委、政府决策参考；市政协主席、副主席按照市委统一部署，

2018年5月政协常委会视察我市优质粮油产业园

分别到部门、乡镇、村组、企业和重大项目现场等进行蹲点调研和专项督导，共完成调研督导报告 18 篇。⑤

（三）撰写提案反映社情民意，助力崇州发展

组织委员深入基层，倾听民声，了解社情民意。近几届市政协规定每个委员每月撰写上报一条社情民意，反映群众呼声，通过这种方式及时解决一些与群众生产生活密切相关的"老大难"问题，促进社会和谐。

1985 年，政协设立了提案办公室（后更名为提案委员会）。1997 年以来，每年政协全会期间都会收到 200 余件提案，目前累计收到提案 2000 多件，内容涉及全市经济发展、社会建设和民生工作等各方面。2008 年，制定了《崇州市政协提案工作条例》共 6 章 23 条，明确了"围绕中心，服务大局，提高质量，讲求实效"的提案工作方针，进一步规范提案工作。提案收集、立案后，由提案委向全委会提交报告，提案办理需做到件件有着落，事事有交代，并将办理情况答复委员。

2007—2012 年，共收到提案 1018 件，立案 996 件。主要围绕促进经济发展、抗震救灾和灾后重建、助推经济开发区建设、加快新农村建设、构建和谐崇州和加强社会保障等方面建言献策。如 2008 年，民革支部成员经过调研，发现当时崇州的少年儿童活动场所存在诸多问题，为了给青少年营造健康成长的环境，支部提交了集体提案《建议政府规划建立崇州市少儿活动中心》。该提案被评为崇州市政协第十二届三次会议优秀提案，被市委、市政府采纳后，列入灾后重建项目，争取中央资金投入1500 万元，于 2013 年建成占地面积 15.38 亩、总建筑面积 5300多平方米的崇州市妇儿活动中心，并投入使用。这是成都市（区、市、县）首个为妇女儿童服务的多功能专用场所。设立了儿童剧场、开放式阅览区、儿童职业体验馆、妇女儿童心理健康咨询援助中心、维权服务中心、妇女技能培训中心等，免费向市民开放，受到广大市民的交口称赞。《关于扶持壮大本土企业的建议》等提案符合我市工业发展的实际，质量较高，市委、市政

府非常重视，及时出台了《加快工业发展、实现工业经济新突破的政策措施》，支持企业做大做强；《高标准做好规划设计，快速启动灾后重建工程》《关注中低收入家庭住房困难的建议》等提案受到市委、市政府高度关注，依据这些提案，市委、市政府在灾后重建中把统筹城乡思路贯穿始终，将经济适用房和廉租房建设列入为民办实事工程，相继出台实施了《崇州市关于积极推进经济适用住房和完善廉租房制度实施方案》《崇州市中心城区经济适用房销售管理办法》等文件。《关于我市中小学实施义务教育应做到均衡发展的建议》被市教育局采纳，制定下发了《关于统筹城乡教育均衡发展的实施意见》。

2012—2016 年，共收到提案 944 件，立案 792 件。着力在加快产业发展、助推改革创新、加快城乡建设、加强社会保障等方面建言献策。如：《关于我市"两化融合"发展路径的思考》《关于推进旅游产业跨越式发展的几点建议》被相关部门采纳落实后，产生了较好的社会效益和经济效益，为推进我市产业调整和优化升级起到了积极的作用。《关于提升我市道路建设品质的建议》《加快智能体系建设步伐、提升城市服务功能》等提案，被市规划局、建设局、交通局、城管局等单位认真采纳、办理。依据这些提案，市规划局编制完成了《崇州市主体功能区规划》，有效推进了区域间差异化发展；与成都中心城区"半小时交通网"基本成型，二绕崇州段、光华大道延伸段、安仁连接线、崇双货运大道建成使用，成蒲铁路崇州段基本建成；农村饮水安全管网、燃气管道铺设、电网改造等城乡基础设施建设成效显著，城市功能进一步完善，崇州的知名度和美誉度得到持续提升。《关于加快我市群众文化建设的建议》《关于重视基层卫生院人才队伍建设的建议》等提案具有针对性、可操作性，市教育、文旅、卫生等部门认真落实、办理，收到良好效果。《"四改六治理"的一点思考》《完善老年人日间照料中心建设》《促进精准扶贫的建议》等提案引起市委、市政府的高度重视，城乡环境整治得到加强，社保面大幅度提高，养老机构建设成效显著，基层服务能力进一步增强，群众的生产生活环境得到改善。

2016年至今，共收到提案482件，立案311件。主要涉及促进经济发展、改善民生、城建交通和社会事业等方面。近年来，市政协围绕创建全国生态文明建设示范市、国家全域旅游示范市以及捷普科技等重大项目开展专题调研30多次，提交提案和意见、建议300多条。其中，《关于李家岩水库饮用水源地保护实施生态补偿机制》《关于尽快启动成青快铁经崇州、新津至天府新区延伸段建设项目的建议》《关于将崇州文庙祭孔纳入成都市品牌活动的建议》《关于将崇州市西河元通段至锦江段防汛堤打造成休闲生态绿道的建议》等提案被成都市政协采纳；《关于光华大道（崇州至温江段）道路绿化升级改造的建议》《关于崇州城区南街市政道路拓宽改造的建议》等提案引起崇州市委、市政府的高度重视，并被采纳、办理，目前，道路改造工程已完工通车，增强了政协的影响力，对提升崇州的城市品质、知名度、美誉度，增进民生福祉起到了积极作用。

2008年以来，市政协对质量高、针对性和可操作性强的优秀提案进行表彰，激发了政协委员撰写提案的积极性。如，2018年经济农业委员会的《关于我市打造成都重要的智能制造业基地的建议》，文史委员会的《关于打造城市会客厅的建议》，蒲茂军常委的《关于我市乡村振兴战略引领城乡融合发展的建议》等12件提案被政协崇州市第十四届委员会表彰为优秀提案。⑥

（四）搜集、整理文史资料，传承历史文脉

政协党组非常重视文史资料征集、编印工作，每届均有一位副主席分管此项工作，并组建了一支对崇州历史文化颇有研究的文史研究员队伍负责撰写稿件。近几年，稿件一经采用，即付一定稿酬。从1983年6月至2019年12月，共搜集、整理、编印《崇州文史资料》33辑（含本辑），约600万字。从第13辑起，每辑印数不断增加，均在千册以上。2002年，崇州市政协组织人员对《崇州文史资料》第1~15辑中所收的文章进行精选、分类，编印了《崇州文史资料集粹》。2009年9月，该书获得四川省政协办公厅、四川政协文史资料和学习委员会"优秀文史资料图书三等奖"。2012年6月，市政协又将第1～25辑《崇州文史资料》进行分类汇编，辑成《百年崇州》一书（共四卷），近300万字。该书在四川省、成都市文史界产生了较大影响，受到好评。第30～33辑《崇州文史资料》拓宽了史料征集范围，栏目设置更为丰富，编辑排版更加规范，装帧设计美观大气，体现了崇州特色，分别由中国国际广播出版社、巴蜀书社、四川大学出版社出版发行。

《崇州文史资料》编印情况统计表

时 间	辑 数	总顾问、审稿	主 编	副主编
1983—1988	1～6	—	周瑞瑶	
1989	7	—	孟 超	杨春林、陶遵科
1990—1991	8～9	—	孟 超	陶遵科
1993—1997	10～12		李世源	陶遵科
1998—2001	13～15	黄道义、曾智谋、李介明	曹明理	
2002	16	黄道义	曹明理	施权新
2002	《崇州文史资料集粹》	黄道义	曹明理 曾智谋	周水全 施权新（执行）
2003	17	张春生、张志新	肖 岩	曹明理、杨明春
2004—2006	18～20	张春生、张志新	肖 岩	
2007—2011	21～25	陈光源、张志新	肖 岩	
2012	26	杨学明、张志新	肖 岩	孙志彬、马灵
2012	《百年崇州》	策划：陈光源、张志新	肖 岩	
2013—2014	27～28	杨学明、张志新	肖 岩	雷成杰、马灵
2015	29	杨学明、张志新	肖 岩	余成茜、唐汉良
2016	30	杨学明、杨火清	余成茜	杨刘
2017—2019	31～33	总策划：杨火清	余成茜	杨刘、陈志全

值得一提的是，2013年3月经中共崇州市委同意，市政协将主持编印、出版《崇州简史》的工作列入议事日程。聘请崇州文

史专家施权新担任该书主笔；成都市社科院历史与文化研究所前所长、研究员林成西，四川省社科院移民与客家文化研究中心主任、研究员陈世松，四川师范大学巴蜀文化研究中心主任、

崇州政协文史委编印、出版的几种代表图书

教授、博士生导师、中国先秦史学会副会长段渝，四川大学历史文化学院教授粟品孝四位参与过《四川通史》《成都通史》编撰工作的知名史学专家组成评审委员会，负责全书的研讨和评审工作；文史委具体负责该书的文稿审校、修订和图片整理等工作。2017年6月9日，专家们在对书稿进行全面评审后，指出：《崇州简史》是四川省县级市首部具有通史架构和学术规范的地方简史。该书采取概述与专题相结合的方式，既各有侧重，又相辅相成。概述部分较为清晰地勾勒出先秦至1949年数千年间崇州各个时期历史发展的基本脉络和总体概况，专题部分则对崇州政治、经济、文化、社会生活等方面的重大事件进行了浓墨重彩的叙述和深入分析，较好地展现了崇州历史的地域特征和亮点。各章在论述行政建置与地域空间演变，人口增减与流动，农业与手工业、商业贸易发展，民风与文化传承演变等方面，脉络清晰、前后贯通，达到了地方史"贯通"的要求。书稿观点正确，条理清楚，文字流畅，具有较高的可读性。该书首次对崇州跨越数千年的历史进行了系统整理和深入探讨，无前人经验可资借鉴，属于开创性工作。

该书从酝酿到定稿，前后历时五年多，2018年12月，由中国文史出版社出版发行。

（五）发挥委员作用，开展扶贫帮困工作

2012—2016年，市政协扎实开展"结对心连心，我们在一起"走基层活动，与怀远镇富强村及文井社区的1165户4495人

建立了结对帮扶关系；组织政协委员连续四年参与富强村"我们养猪吧"认养活动，帮助当地群众脱贫致富。制定了《政协崇州市委员会关于在委员中开展"我为扶贫攻坚做件事"活动的意见》，组织企业家委员到乡镇村组投资兴业、扶持生产，通过帮

2017年10月27日，崇州市政协党组书记、主席杨火清（左三）带队走访慰问大划镇贫困老党员

助村民养殖生态猪、跑山鸡，发展林下经济，维修村道、改善居住条件等多种方式，进行产业扶贫，助推产业发展。五年来，政协委员捐助扶贫资金共计1200多万元，收到了良好的效果。2017年以来，市政协以"我为扶贫攻坚做件事"活动为载体，组织全体委员开展帮扶活动达2000多件（次），委员参与率达100%，捐助金额达1300万元；全体委员为马尔康市脱贫攻坚捐款200余万元；组织政协委员赴马尔康市开展医疗帮扶，建立"马尔康市医疗救助基金"，促进了马尔康市的脱贫攻坚工作。自2017年以来，由政协党组书记、主席杨火清带队，走访慰问大划镇贫困老党员、复退军人达21人（次），把党和政府的温暖送到了群众的心坎上。

（六）加强对外交流，扩大对外宣传

历届政协委员会通过广播、电视、报刊等媒体大力宣传崇州的建设与发展。1987年，由县水利局出资，四川省农业展览馆组织拍摄了

2019年春节崇州政协书画院组织书画师到江源镇开展"送春联"下乡活动

一部记录崇庆县西河治理成效的电视纪录片《浊浪碧波话西河》。这是新中国成立以来，在崇庆县拍摄的第一部专题纪录片。当时，由县政协副主席孟超牵头，文史委干部张廷涛、县文化馆干部肖岩负责采访水利工作一线的干部、民工，配合完成了电视片的后期制作等，张廷涛执笔撰写了该片的解说词，县委宣传部副部长秦大鼎则负责了该片的审定工作。该片后来曾在四川电视台连续播放三次，对宣传崇庆县起到了积极作用。⑦近年来，市政协工作人员在国家、省、市级报刊上发表的论文和宣传文章逐年增多，仅2018年就有60多篇。1984—1990年，崇庆县政协积极参加川西南片区政协联谊活动，与13个县（市）政协进行交流互动，交流了经验，增进了友谊；2017年接待全国、省、市政协参观访问60多批次，对外宣传推介了崇州。

1999年，崇州市成立了崇州政协书画院，每年组织书画师开展"文化下乡"活动，为群众送去数百副春联，受到普遍欢迎。先后与汉源县、温江区、广汉市、华蓥市、邛崃市、大邑县等县（区、市）政协书画院联合开展书画作品交流联展，扩大了崇州的影响力，提升了知名度。

（七）开展有益活动，加强机关建设

20世纪五六十年代，县政协机关的干部编制只有四五个。1989年以后，人员不断增加，现有在职人员73人，持大专以上学历者占90%以上，2005年，市政协机关成立了党总支，现设党组一个、总支一个，总支下设机关支部和退休支部各一个，机关支部有五个党小组，党员57名，占机关在职总人数的80.8%。不断加强党对政协工作的领导。在党总支的领导下，市政协通过开展庆"七

市政协机关召开庆"七一"暨全体干部职工大会

一"等各种有益活动，增强党组织的凝聚力和战斗力，完善各项规章制度，加强队伍建设，为推动政协事业的发展和经济社会进步，打下了坚实基础。

注：

①参阅中共崇州市委党史研究室编《中国共产党崇州市地方史》（第一卷），《崇庆县志》（四川人民出版社1991年版），《崇州市志》（1986—2000）（四川人民出版社2004年版）。

②1956年4月，毛泽东主席在《论十大关系》中提出中国共产党同民主党派实行"长期共存，互相监督"的方针。1982年9月，中国共产党第十二届全国代表大会进一步提出新时期爱国统一战线的基本方针，即"长期共存，互相监督，肝胆相照，荣辱与共"。

③《中国人民政协协商会议四川省崇庆县委员会志》（政协编志小组编）。

④指铁腕治霾、重拳治水、科学治堵，全域增绿。

⑤《中国人民政治协商会议第十三届崇州市委员会常务委员会工作报告》，《中国人民政治协商会议崇州市第十四届委员会常务委员会工作报告》。

⑥《中国人民政治协商会议第十二届崇州市委员会常务委员会关于五年来提案工作情况的报告》，《中国人民政治协商会议第十三届崇州市委员会常务委员会关于五年来提案工作情况的报告》。

⑦张廷涛：后曾任崇州市作家协会主席；肖岩：后曾任崇州市政协文史委主任。《浊浪碧波话西河》见《百年崇州》第四卷第2349页。

民革在崇州的源流与发展

帅志刚 伍相明 口述 叶蓉 杨月 采访整理

中国国民党革命委员会简称"民革"，是中华人民共和国现有的八大民主党派之一。由李济深、宋庆龄、何香凝、谭平山等人发起，于 1948 年 1 月 1 日在香港成立，主要由原中国国民党民主派及其他爱国民主人士组成，后来许多国民党军队中的起义人员加入。民革成立以后，参与了中国人民政治协商会议的筹备和中华人民共和国的创建工作，为新中国的成立做出了重要贡献。新中国成立后，民革坚持中国共产党的领导，实现了从新民主主义到社会主义的转变。改革开放以来，民革坚持中国共产党领导的多党合作和政治协商制度，坚持走中国特色社会主义道路，加强自身建设，积极履行参政党职能，在国家的改革、开放、建设和促进祖国和平统一的进程中发挥着积极的作用。2019年是中华人民共和国成立 70 周年，人民政协成立 70 周年，也是在崇州成立的第一个民主党派支部——民革崇州支部成立 20 周年，故本文旨在回顾历史，以启未来。

崇州民革之源

新中国成立前，崇庆县（今崇州市）就有民革党员的活动，他们为崇庆县的解放做出了积极贡献。其中，梁玉文和陈力群的故事比较传奇。经查阅相关史料和走访当事人亲属，笔者梳理出了这两位同志的生平。

梁玉文，1919年6月出生于崇庆县济协乡济民场一个富农家庭。1946年自国立南京中央大学政治学系毕业后，曾任国民政府国防部司法翻译。因对国民党统治不满，参加过进步学生反内战、反饥饿、反迫害运动。1949年6月加入民革，受组织委派回到崇庆县，以树声中学教师的身份为掩护，从事民革活动，参与策反崇庆县实力派伪参议长黄润琴的活动，积极迎

梁玉文

接崇庆县解放。①1985年，任成都武侯祠博物馆研究员，1989年离休，2009年1月去世。

陈力群，1926年11月出生于崇庆县锦江乡白马场陈家大院的一个小地主家庭。1949年8月毕业于四川大学历史系。在大学期间，他投身进步学生运动，1949年3月加入了中共外围组织，从事地下活动，是新中国成立前民革崇庆县执委会九位执委之一。1950年6月13日，他与重庆大学毕业生、地下工作者周启恒同志一起机智生擒了川西著名匪特头子李泽儒。②

青年时代的陈力群

1950年9月，他赴西康军区军政大学政治部、训练部工作。1953年从部队转业到雅安工作。1972年9月—1987年8月在崇庆县白头中学任教，1987年离休，2018年1月去世。

1949年3月—12月，在崇庆县临解放前最黑暗的前夜，曾有30多名民革同志，在中国共产党的领导下，不惧风险，参加剿匪和征粮工作，维护地方治安，宣传共产党的政策，为迎接崇庆县解放做了大量工作。③

民革崇州支部的成立

新中国成立后，尤其在中共十一届三中全会以后，民革的县级基层组织不断发展，1993年4月，崇庆县成立了民革小组，到1999年初，共有梁如康、张志新、吕兰、陈力群、杨泽高、杨本根、杨志良、王竹宏、杨卫中、周之鹄10名党员。在中共崇州市委统战部的关心支持和具体指导下，经请示民革成都市委会同意，1999年1

1999年1月12日民革崇州支部在天立宾馆召开成立大会。时任成都市人大常委会副主任、民革成都市委会主委邓宇民（前排右八），崇州市政协主席黄道义（前排右九），中共崇州市委副书记、常务副市长张春生（前排右七），市委常委、宣传部部长范维（前排右五），统战部部长谢艳华（前排左六），政协副主席李介明（前排右一）等领导出席会议

月12日，民革崇州支部在崇州市天立宾馆召开成立大会。时任成都市人大常委会副主任、民革成都市委会主委邓宇民，崇州市政协主席黄道义，中共崇州市委副书记、常务副市长张春生，市委常委、宣传部部长范维，统战部部长谢艳华，政协副主席李介明等领导出席会议。大会选举产生了第一届支委会，崇阳中学高级数学教师梁如康（梁玉文的儿子）任第一届支委会主委，张志新任组织委员，杨泽高任宣传委员，杨志良、王竹宏任联络委员。支部直属民革成都市委员会管理。

从1999年1月至今，民革崇州支部逐渐发展壮大，前后共进行了5次支委会换届选举。目前有来自各行各业的49名党员，有教师、企业界人士、作家等。其中有成都市人大代表1人，崇州市人大代表1人，崇州市政协委员15人（含一位政协副主席，三位常委)。

民革崇州支部历届支委会组成情况表

届别	成立（换届）时间	主委	副主委	委员
第一届	1999.1.12—2002.6	梁如康	—	张志新、杨泽高、杨志良、王竹宏
第二届	2002.6—2006.7	张志新	王竹宏	郭宽信、伍相明、余莫难
第三届	2006.7—2011.9.16	张志新	陈刚、王竹宏	叶蓉、伍相明、余莫难
第四届	2011.9.16—2016.9.30	张志新	陈刚、叶蓉	方志勇、伍相明、王萍、蒲茂军
第五届	2016.9.30 至今	陈刚	叶蓉、方志勇	蒲茂军、王萍、张新艳、帅志刚、康军、刘铀

支部风采与社会担当

作为参政党，支部党员积极参政议政，在各自的工作岗位上努力施展才能，奉献社会。通过整理支部档案，我们发现：截至2019年3月，民革支部共撰写提案220余件，其中优秀提案27件、重点提案6件，调研报告26篇，反映社情民意110余条，30人（次）被崇州市政协评为优秀政协委员。

2008年，民革支部党员经过调研，发现当时崇州的少年儿童活动场所大多是市民自发经营的，很不规范，甚至存在着安全隐患，生意却很火爆。为了给少年儿童营造健康成长的环境，让青少年通过参加有益的课外活动，动手动脑，提高认知能力，接受音乐和艺术的熏陶，陶冶情操，支部撰写了《建议政府规划建立崇州市少儿活动中心》，以集体提案的形式，提交崇州市第十二届委员会。该提案经审查立案并被评为当年政协优秀提案，被市委、市政府采纳，并结合灾后重建，争取中央资金投入1500万元，于2013年建成崇州市妇儿活动中心，并投入使用。该中心占地面积 15.38 亩，总建筑面积 5300 多平方米，是成都市区（市、县）首个为妇女、儿童和青少年提供服务的专用场所。活动中心设立了儿童剧场、开放式阅览区、儿童职业体验馆、妇女儿童心理健康咨询援助中心、维权服务中心、妇女技能培训中心等，具有儿童成长体验、女性交流培训和就业技能提升等多种功能。活动中心免费向市民开放，受到广大市民的交口称赞。

2009 年，支部经过实地调研认为：元通处于川西旅游环线东侧，北连世界自然文化遗产——都江堰、青城山，有省道华怀路相通；文井江、味江河、泊江河、沙沟河等主要河流汇流该镇；镇内有天主堂和中西合璧的公馆式建筑等，具有丰富的旅游资源和成都门户优先旅游目的地的优势。民革支部委员从保护历史文化遗产的角度，建议将元通古镇的建设纳入北部崇州的建设统筹规划，与街子、怀远、三郎、鸡冠山、文井江等乡镇连为一体，深层次挖掘古镇民风民俗，丰富古镇文化旅游内涵，撰写了支部集体提案《建议将元通古镇纳入北部崇州一并规划》。该提案当年被市政协列为重点提案报送市委、市政府后，引起高度重视，并着力实施。如今元通古镇经过几年的整体打造，吸引了八方宾客，助推了崇州的文旅融合发展。

2010 年，支部关注非法网吧的治理问题，提交了集体提案《建议政府严厉制止非法网吧伤害青少年的身心健康》和蒲茂军的个人提案《积极发展文化体育广播等事业丰富城乡文化娱乐生活》，引起了市政府及相关部门的高度重视，加大了对非法网吧的治理力度，推行身份证实名上网制度，规范了网吧的经营行为，有效扼制了非法网吧纵容青少年无限上网的势头，净化了青少年成长的环境，受到群众称赞。

2017 年在政协会议上，政协常委、支部组织委员蒲茂军通过实地调研，就崇州城区消防设施设备严重不达标，存在安全隐患问题的发言，引起市政府高度重视，并立即组织人员进行专项检查，对发现的大量问题加以整改，防患于未然。2018 年，蒲茂军深入乡村走访调研，提交了《关于我市乡村振兴战略引领城乡融合发展的建议》，被评为优秀提案。

2019年政协会议期间，支部在多次深入实地考察、调研枇杷茶种植、销售情况的基础上，撰写了集体提案《关于"加快推进崇州枇杷茶产业绿色高质量发展的部署"的几点建议》提交政协全会，引起了市委、市政府的高度重视。当年4月16日，经市政府第56次常务会议讨论通过，出台了《加快推进培育崇庆枇杷茶特色产业发展的实施方案》，并以崇府办函〔2019〕30号文件印发全市各乡镇人民政府、崇阳街办、市政府各部门认真组织实施。

在文化建设方面，民革崇州支部有中小学教师10人，其中有校长、高级教师、学科带头人，是崇州教育界的优秀代表。他们不仅为崇州的教育事业做出了积极贡献，而且发挥教育资源优势，积极作为，开展对贫困地区的帮困支教工作。2018年9月，支部根据民革中央、民革四川省委会部署，比照贵州省纳雍县教育局提出的教育需求，在民革成都市委会、中共崇州市委统战部、崇州

2018年10月18—22日，受民革中央的委派，崇州政协副主席、民革崇州支部主委陈刚和各位专家一道，参加了对贵州省赫章县的教育帮扶活动，并开展了《从吾爱吾生到吾爱吾师》的专题讲座，受到好评

市教育局的大力支持下，组织协调崇州市崇庆中学实验学校11位教育专家、名师，由政协副主席、支部主委陈刚带队，奔赴贵州省纳雍二中、纳雍三中、思源学校，分别对初中语文、数学、英语三门学科的骨干教师进行专题培训，为提升当地的师资水平做出了积极贡献。根据民革中央主席万鄂湘"重视物质脱贫的同时，高度重视精神脱贫"的指示，2018年10月18—22日，民革中央把"精神脱贫"作为扶贫工作的重要内容，民革崇州支部在

全面落实民革中央帮扶贵州省纳雍县 2018 年教师培训计划后，再次组织河南省教育专家，对贵州省赫章县 500 多名中小学校长开展培训。受民革中央的委派，崇州市政协副主席、民革崇州支部主委陈刚和各位专家一道，参加了教育帮扶活动，并开展了《从吾爱吾生到吾爱吾师》的专题讲座，他的讲座材料丰富，内容精彩，语言生动幽默，会场上多次响起热烈的掌声。这些活动的开展对当地教师更新教育理念起到了很好的引领作用，收到了良好的效果。此外，支部党员、崇阳中学教师温靖邦利用业余时间创作了千万余字的作品《战争三部曲》等，并译成德文出版，受到好评。

从 2004 年起，民革崇州支部一直开展送温暖、扶贫助困活动。支部中的企业家党员致富不忘群众，积极回报社会。如：企业界党员、成都王安产业公司董事长王竹宏捐赠企业铸造的铁花装饰天安门广场护栏；崇州市峻坤汽车销售有限公司总经理余莫难购买电表、水

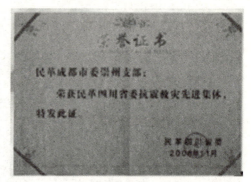

2008 年 11 月民革崇州支部被民革四川省委表彰为抗震救灾先进集体

泵并捐资近万元，送到怀远玉圭村，帮助当地农民解决农田灌溉问题。2008 年 "5·12" 大地震后，余莫难在全市各安置点设置阅报栏，及时向灾民传递信息和相关政策；支部主动对接成都市委会，积极联系民革中央，捐资 100 万修建了崇州市中山小学（原安阜小学）的中山图书馆，之后支部党员萧志标捐资 10 万元，完善中山小学图书馆馆内设施，补充书籍资料等。因支部在抗震救灾中主动担当、积极作为，于 2008 年 11—12 月先后被民革四川省委和民革成都市委评为抗震救灾先进集体。2015 年，结合庆祝抗日战争胜利七十周年，支部组织党员看望、慰问抗战老兵 15 人（次），表达了对他们的关怀和敬意。

2016 年，支部党员、财政局高级会计师帅志刚参加廖家镇龙

福村的扶贫攻坚工作，他利用相关部门和帮扶单位给每户资助的0.6万元资金，扶持贫困户搞生态猪、跑山鸡养殖和林下药材种植等，帮助10户贫困户脱贫。结合该村紧邻崇州旅游环线及"新十万亩粮田"建设项目的有利条件，帅志刚提出整合成都市、崇州市两级财政资金及相关单位扶贫资金400余万元，实施道路和水利项目建设的扶贫方案。在财政局的帮助下，该村文化广场和总长5公里的道路，于2017年7月全面完工。此外，他又在整合水利设施建设项目的基础上，协助该村修建了一条总长达5.2公里的河渠，并于2017年11月底全面完工。

帅志刚了解到该村有楠木种植优势，便因势利导，统筹运用产业政策，帮助村民组建了崇州市幸福桢楠专业合作社，经营苗木种植产业，壮大集体经济组织，带动村民增收。2017年，经帅志刚牵线搭桥，该村与医药公司签订了中药材蛇床子订单式农业生产合同，初种面积200亩，实现产值40万元；种植黄精10亩，实现产值20万元。2017年下半年，在帅志刚的帮助下，该村与成都市农林科学院作物研究所曾先富教授合作，开展100亩球盖菇种植项目，创造产值80多万元，助力贫困村走上产业融合发展的道路。

2018年6月22日，由民革中央宣传部副部长蔡永飞带队，民革中央调研组在民革成都市委会副主委张健、崇州政协副主席、民革崇州支部主委陈刚的陪同下，到对口扶贫点崇州市廖家镇龙福村实地考察了龙福村的基础设施、自然环境及稻虾养殖基地等，了解村民生活、产业发展情况，专门

2018年6月22日，由民革中央宣传部副部长蔡永飞（前排左一）带队，民革中央调研组在民革成都市委会副主委张健（后排左二），崇州政协副主席、民革崇州支部主委陈刚（后排右二）的陪同下，到对口扶贫点崇州市廖家镇龙福村调研

走访慰问了对口帮扶贫困户，深入了解近年来崇州市民革支部开展社会服务工作的情况，对支部开展社会服务工作的经验和做法给予了充分肯定，并提出了要不断提高社会服务工作的理论研究和工作实践水平；发挥民革联系广泛的特点和组织优势，坚持特色，做好社会服务工作；符合新时代的要求，结合大众需求，拓宽服务社会工作的新领域，造福于民众，塑造民革良好的社会形象的希望和要求。

注：

①参见《百年崇州》第一卷梁玉文《回忆我解放前夕参加民革的活动经历》一文。

②参见《百年崇州》第三卷陈力群《川西著名匪特头子李泽儒落网伏法记》一文。

③参见《民革在崇州》中《中国国民党革命委员会崇州支部成立十周年纪念（1999.1—2009.1)》一文。

民盟崇州支部成立记

高　雅

中国民主同盟（简称民盟）主要由从事文化教育及科学技术工作的高、中级知识分子组成，是具进步性与广泛性的政治联盟，是在中国共产党的领导下，致力于建设中国特色社会主义事业的参政党。

民盟于 1941 年 3 月 19 日在重庆秘密成立，当时的名称是"中国民主政团同盟"，最初的政治主张是"贯彻抗日主张""实践民主精神""加强国内团结"等。1944 年 9 月 19 日，民盟全国代表会议决定将"中国民主政团同盟"更名为"中国民主同盟"，公推黄炎培为中央委员会主席，不久黄炎培辞去主席职务，推举张澜任主席。民盟成立后，参与筹建和见证了中华人民共和国的成立，正是在这一时期，民盟真正发展到崇庆县。

解放西南　盟员在崇庆的短暂活动

1949 年秋，中国民主同盟会盟员、四川大学学生周毅强到三江中学任教，与随后调来的盟员一道，以教师身份为掩护，在上级民盟组织的领导下，从事迎接解放的活动。

1949 年 10 月，民盟大邑分部因活动受阻，该部组织委员樊仲宣来到崇庆，以阴阳先生的身份为掩护，在城西乡唐茂成家和中和乡游士皋家从事秘密活动，发展盟员。12 月中旬，盟员高宝华、樊仲宣先后以四川人民反共救国军别动总队第四纵队、国防部新兵训练处教导纵队第三总队名义作掩护，组织地方武装，在唐茂成家缝制五星红旗，书写"打倒国民党，迎接解放"等标语在城内张贴。12月20日，高宝华得知中国人民解放军已解放牛皮场（今集贤乡），即派盟员舒培基、刘均逖带人前往联系和慰问，解放军团长王赤军表扬了他们。21日，崇庆县宣告解放。高宝华、樊仲宣将国防部新兵训练处教导纵队第三总队易帜为中国民主联军西南第四路司令部，代号"MA4"，并挂出五星红旗。司令部设在刘元琼公馆（今崇州市委机关），高任司令，樊任政委。在此之前，高宝华还与温江、大邑的部分盟员共同组建了"民主联军西南人民游击队"，仍由高领导。这两支武装力量，在协助解放邛崃、大邑、崇庆时，曾从国民党溃军中缴获军车200余辆和大批武器弹药。12月27日，盟员舒培基代表该部参加"崇庆县解放委员会"，担任副主任委员。

1950年初，周毅强被调到崇庆中学任教，后任副校长。1956年1月，他被任命为县人民政府副县长。1957年因错划为右派被免职，1979年调离崇庆县。此后直至1991年，崇庆县内再无民盟盟员。①

初心不改　民盟崇州支部的酝酿成立

1992年至2000年，先后有3名盟员因工作原因从外地调至崇州。他们积极开展调查研究。在政协会议期间，积极撰写提案、献计献策，发挥了参政议政的作用。2000年以后，崇州的盟员人数增多，截至2015年年底，崇州登记在册的盟员已发展到14名（含四川水利职业技术学院6名盟员），他们中有些人的组织关系在成都市委会，有的在温江总支。当时，这些盟员的工作和生活主要在崇州，而崇州没有建立民盟支部，因此盟员们不便参加组织活动，参政议政的职能得不到充分发挥。

按照《中国民主同盟章程》的规定，有3名盟员即可成立民盟小组，5 人以上即可成立支部。民盟成都市委认为，应把崇州民盟的力量发挥出来，为此，多次到崇州与中共崇州市委统战部磋商在崇州建立民盟组织的相关事宜。中共崇州市委统战部对此事非常重视，2016 年 3 月，召集盟员张琳、张志敏、周志敏、宋遵友到统战部会议室商量、筹备成立民盟支部。大家一致认为崇州市成立民盟支部的条件已经成熟，建立支部势在必行，这样才能更好地团结盟员，开展组织生活和相关工作，参与崇州民主政治建设，推动经济社会健康发展。

4 月，民盟成都市委会秘书长吴皓带队到崇州，与崇州籍盟员进行座谈，关心盟员的工作、生活情况，了解盟员对成立支部的看法，并向大家讲解了成立支部的相关要求。之后，他将到崇州调研的情况向民盟成都市委会做了汇报，民盟成都市委会认为崇州已具备成立民盟支部的条件。7 月，民盟成都市委会召集张琳等盟员与中共崇州市委统战部相关领导一起在崇州召开了成立民盟崇州支部的筹备会，为开好支部成立大会进行统筹安排。

2016 年 8 月 15 日，民盟成都市委会下达了《关于成立中国民主同盟崇州市支部委员会的决定》（成盟发〔2016〕23 号）文件。19 日，崇州盟员终于迎来了民盟崇州支部成立的日子。上午 9 点，在政府招待所三楼会议室，由民盟成都市委会秘书长吴皓、组织处处长毛明实组织崇州全体盟员召开选举会议，选举产生支部委员会，由张琳任主委，张志敏、宋遵友任副主委，王健、钟静为委员。紧接着召开民盟崇州支部成立大会，成都市政协副主席、民盟成都市主委

2016 年 8 月 15 日，民盟成都市委会下达了关于成立民盟崇州支部的决定

李铀，民盟成都市委会秘书长吴皓、组织处处长毛明实，崇州市政协副主席陈刚，中共崇州市委常委、组织部部长牟家忠，统战部常务副部长杨康虎等领导出席了成立大会。会上，民盟成都市委会秘书长吴皓宣读了民盟成都市委关于民盟崇州市支部选举结果的批复。

2016 年 8 月 19 日，民盟崇州市支部成立大会在政府招待所会议室举行。成都市政协副主席、民盟成都市主委李铀，成都市委会秘书长吴皓、组织处处长毛明实，中共崇州市委常委、组织部部长牟家忠，崇州市政协副主席陈刚，统战部常务副部长杨康虎等领导出席成立大会

8 月 22 日，民盟崇州支部召开第一次工作会议，讨论确定了 5 名支委会成员的职责分工：张琳主持全面工作；张志敏分管参政议政工作；宋遵友分管社会服务工作；王健任宣传委员，负责宣传工作；钟静任组织委员，负责盟员考查与发展工作。民盟崇州支部的成立，为民盟组织在崇州的发展打下了基础，为崇州盟员参政议政、服务社会提供了平台。截至 2019 年 5 月，支部共有盟员 34 人，其中本科及以上学历者 29 人，崇州市人大常委会委员 1 人、政协委员 6 人（含常委 3 人）。

参政议政 为崇州发展建设贡献力量

近几年，支部在崇州发展建设的舞台上发挥着积极的作用。2016 年，支部向崇州市政协提交了个人和集体提案共 10 件，向崇州市人大提交个人议案建议 2 条，撰写社情民意 4 篇。2017 年，支部向市政协提交集体和个人提案共计 10 件，《崇州市高层次人才的引进和培养》《崇州举办成都"天府古镇马拉松"赛事的可行性研究与思考》《紧抓机遇，迎头赶超，崇州急需提前布局中学生职业生涯教育》等调研报告受到上级领导的重视和相关部门的采纳。支部还组织盟员和入盟积极分子对崇州全域旅游发展、崇州市公议乡花果山康养旅游项目、元通古镇旅游资源发展情况、交通基础设施的建设情况和近期的发展规划等进行深入调研和讨论。

支部成立以来，积极开展社会服务工作，同民盟成都医卫支部搭建起成都市肛肠专科医院与崇州市二医院深度合作的崇州医疗帮扶平台，为崇州市民提供优质的肛肠专科医疗服务。11 月 5 日，民盟崇州支部邀请盟员、四川大学教授秦永红在崇州市实验中学开展《中学生生涯发展教育系列讲座之自主招生》公益讲座。12 月，"崇州市民主党派创新实践基地"在更新生态农场挂牌成立。

2018 年，支部向崇州市人大和政协提交了《契合崇州教育实际，杜绝教育造假》《关于规范工业园区外新进工业企业供断电程序的建议》等议案、提案共计 6 件，涵盖了医疗卫生、产业发展、教育文化、社会保障等多个方面。撰写社情民意 9 篇，为崇州市创建"明日之城·翡翠之城"贡献了不少好的建议，如《关于崇州市人才引进方面的建议》《对社区小区再生资源回收的建议》等。乡村振兴是 2018 年的社会热点，支部组织盟员到崇州市白头镇调研乡村振兴、全域旅游推进等情况；与民盟温江总支对接，到温江区和盛镇鲁家滩调研乡村旅游推进情况；到郫都区战旗村调研乡村产业发展情况，发动全体盟员深入基层调研走访，最终形成了《乡土文化教育在乡村振兴中的重要性》调研报告，上报中共崇州市委统战部。

2018 年 11 月，支部组织专业人员对乡镇贫困学生家庭开展心理疏导

在脱贫攻坚方面，吕冰、彭河等盟员共计捐款

50480 元用于扶贫济困；积极分子马艳以企业为依托，免费为农村就业困难群众开展茶艺培训。在教育帮扶方面，2018 年 12 月盟员黄泽主动申请赴阿坝州马尔康市参与对藏区开展为期两年的教育对口帮扶；盟员张志敏主动到贵州纳雍县开展教育扶贫活动；盟员吕冰邀请幼教专家对乡镇幼儿园教师做

2018 年 12 月 20 日，支部盟员黄泽（右三）赴阿坝州马尔康市参与为期两年的援藏教育对口帮扶

专题讲座，提高其教育水平。在社区服务方面，盟员们开展了周末托管课堂、为老服务、院落打造、送图书进社区等活动。在推进健康卫生工作方面，支部组织专业人员对乡镇贫困学生家庭开展心理疏导，组织盟员参加巾帼志愿者、防艾志愿者活动等，在推动崇州的经济、社会建设与健康发展方面做出了积极贡献。

注：
①以上内容引自 1991 年版《崇庆县志》。

民建崇州支部简记

陈　丽

　　中国民主建国会（简称民建）是主要由经济界人士组成，具有政治联盟特点，致力于建设中国特色社会主义的参政党，是中国共产党领导的多党合作制中八大民主党派之一。民建于1945年12月16日在重庆成立，创始人为黄炎培、胡厥文、章乃器、施复亮等爱国民族工商业者和知识分子。民建成立后，积极参加新民主主义革命和社会主义建设。2019年是新中国诞生70周年暨人民政协成立70周年，回顾、记录民建崇州支部的历史，颇有意义。

民建崇州支部的建立

　　在民建成都市委和中共崇州市委统战部的关心支持下，经过半年多的筹备，2002年8月20日，民建成都市委会下达了《关于成立"中国民主建国会崇州支部委员会"的决定》（蓉建〔2002〕074号）文件，这标志着民建崇州支部正式成立。2002年9月19日，民建崇州支部在崇阳镇上南街政府招待所举行了成立大会。时任民建四川省委会副主委翟文蓉，成都市人大常委会副主任、民建成都市委会主委童若春，崇州市政协主席黄道义，市人大副主任陈太丰等相关领导出席了成立大会。当时有王家驹、王建兵、包永樵、李福金、万长明、宋中砥、刘艳林7名会员。经选举，王家驹当选为支部首届主委，王建兵为副主委，包永樵为委员。

我跟民建的缘分，应该从认识民建崇州支部主委王家驹老先生说起。当时，我在崇州市广播电视台工作。作为记者，我经常参与一些重要会议的采访报道。初见王老，觉得他虽身为企业家，但言谈举止颇为儒雅，发言讲话既有见地，又有文采，在企业界独树一帜。后来才知道，王老是民建崇州支部第一任主委，医生出身，曾悬壶济世，深受十里八乡父老乡亲的尊敬。我加入民建时，王老已经光荣退休两年，不再担任支部主委。

2002年8月20日，民建成都市委会下达了《关于成立"中国民主建国会崇州支部委员会"的决定》

2019年6月的一天上午，我们驱车来到元通镇大罗村王老的家中，整洁的院子里，绣球花开得正盛。我们置身于乡村宁静的庭院，听王老讲民建崇州支部的历史，很是惬意。王老今年78岁，耳聪目明，思维敏捷，性情豁达。交谈中，他的话不多，但十分热情。他自小酷爱读书，手不释卷，早年行医兼务农。1978年，村集体企业因经营不善陷入瘫痪，因王老有知识、有文化，加之行医多年积累了广

2002年9月19日，民建崇州支部成立，首届会员留影左起：包永樵、王建兵、王家驹、刘艳林、万长明、宋中砥、李福金

博的人脉资源，是村上的"能人"，因此被村镇领导动员到翻砂厂担任业务主管。1984年，他自己开始经营水泥制品，成立了元通水泥制品厂，企业不断做大做强。作为企业家他古道热肠，口碑极好。早在1995年，他就正式加入了中国民主建国会，当时他的组织关系在都江堰支部。

民建崇州支部成立前，7 名会员的组织关系均隶属于都江堰支部。在民建成都市委的指导和中共崇州市委统战部的关心支持下，民建崇州支部正式成立后，崇州籍的民建会员自此从都江堰支部分离出来，有了发挥更大作用的组织平台。截至 2019 年 6 月，支部会员已达 58 人，比成立初期翻了几番。

支部的特点和轶事

民建崇州支部会员以"经济界人士为主"，这是其在崇州各民主党派支部中最为突出的特点。从 2002 年至 2019 年，支部成立 17 年来，先后进行了 3 次换届选举（见附表），会员由当初的 7 人发展到现在的 58 人，经济界人士一直占会员的 60% ~ 70%。其中，父子双双加入民建的有元通业达实业有限责任公司的王家驹、王自立父子，四川双清螺旋钢管有限公司的余双清、余世海父子。会员中有成都市人大代表 1 人、崇州市人大代表 4 人（其中常委 1 人），崇州市政协委员 22 人（其中常委 4 人）、阿坝州政协委员 1 人。

民建崇州支部历届支委会组成情况表

届 别	成立（换届）时间	主 委	副主委	委 员
第一届	2002.09.19	王家驹	王建兵	包永樵
第二届	2006.08.08	万长明	王建兵	王自立、宋中砥、余双清、刘艳林
第三届	2012.09.13	罗红蕾	万长明、冯兵、张耿	王自立、刘艳林、罗强、曹蓉
第四届	2017.08.24	罗红蕾	万长明、冯兵、张耿	刘艳林、陈丽、余世海、孙明强、沈涛、冯扬帆、蒋玉

民建崇州支部会员名单（2019 年 6 月）

王家驹　包永樵　万长明　王建兵　宋中砥　余双清　刘艳林　王自立　谢关键
彭代兵　罗　强　涂永驰　刘文祥　罗红蕾　康　明　黄能秀　孙孟君　张丽霞

王 静	陈 丽	冯 兵	曹 蓉	张 耿	罗丽琼	熊 英	羊俊茹	杨 建
曾 猛	周晓春	雷加庆	李洪斌	陈冬林	石月秋	孙明强	王明强	杨中虎
余世海	罗志宏	胡艳清	康 超	邓永前	方 勇	夏 敏	沈 涛	蒲稀有
李洁华	郑 刚	冯扬帆	罗文官	蒋 玉	唐宗云	杨志明	张 陶	徐 黎
张 宪	郑 林	徐晓双	周 莉					

民建崇州支部成立时间虽晚，与上级民建组织却有着较为密切的联系。曾任四川省副省长、省政协副主席、民建第四届中央委员会副主席、全国政协常委、民建四川省委主委等职的童少生先生，1984年逝世，安葬于我市道明镇白塔湖公墓。多年来，支部都要组织会员扫墓，缅怀前辈功绩。曾任民建省委副主委的文宝瑛先生，晚年一直在我市公议乡疗养，历年中秋节、重阳节支部都要组织新老会员看望慰问文老，直至2017年年底文宝瑛先生在百岁高龄去世。近年来，支部不断发展壮大，支委领导经常带领、组织新会员看望慰问老会员，重视学习、传承前辈爱国爱党、爱会敬业的精神，增强组织凝聚力，这已成为民建崇州支部的优良传统。

民建崇州支部十分注重横向联系，与兄弟支部亲密交流、长期保持良好关系。民建崇州支部是从都江堰支部中发展起来的，支部成立后，发展邻县双流、大邑两地会员，规模壮大后又帮助两县分别成立支部；促进了郫县支部的成立，与温江、金牛、高新、新都等区（县）的民建支部、华西医院支部及经贸、交通等行业支部保持密切联系，共同开展活动。

民建会员的社会担当

民建崇州支部成立以来坚持围绕中心、服务大局的原则，通过开展调研、座谈，以及参加人代会、政协会等多种渠道，积极履行政治协商、民主监督、参政议政等职能，为党委、政府建言献策，为推动崇州经济社会健康发展起到了积极作用。据不完全统计，支部及会员共提交调研报告、建议提案200多件，内容涉及经济、政治、文化、社会、生态文明建设等诸多方面。

17 年来，支部不断加强思想建设、组织建设，广泛开展组织活动，积极组织会员参加各级民建组织和统战系统举办的调研、培训活动，支部多次被评为民建省委、市委先进集体。民建崇州支部自成立以来先后参与、开展了通（江）南（江）巴（中）革命老区的"红色之旅"、若尔盖草原"重走长征路"、"庆祝建党 90 周年支部联谊文艺演出"、"民建成立 65 周年庆祝大会"、一年一度的全国非公经济论坛等活动，提高了会员的认同感，增强了支部的向心力。

民建崇州支部会员爱会敬业，不断进取，在各自的岗位上取得了明显成绩，硕果累累。会员所经营的企业涉及各行各业，有的在国内或西南地区长期处于行业领先地位，经济效益和社会效益显著。会员王建兵的明珠家具股份有限公司是集研发、生产、销售、服务于一体的大型现代家具企业，生产基地约 1200 亩，在意大利米兰和中国成都设立两大研发中心。2018 年全年产值 14.9 亿元，上缴税收 1.05 亿元。2009 年，王建兵当选首批"全国家具标准化技术委员会"委员，参与家具行业国家标准的制定和修订，为推动行业标准化建设做出了贡献。王建兵任四川省政协委员多年，曾被评为"中国家具业精英人物""改革开放 30 年四川省行业之星""十大杰出企业家"。

会员余双清的双清钢管集团（含云南双清螺旋钢管有限公司、大理双清螺旋钢管有限公司和四川双清螺旋钢管有限公司）是一家专业生产双埋弧焊螺旋钢管的厂家，有四川成都，云南大理、楚雄 3 个生产基地，年产总量 20 万吨，年产值约 5 亿元，是西南地区规模最大的民营螺旋钢管生产企业。2009 年，"双清螺旋钢管"被成都市政府列入"重点扶持名优产品"推荐目录，受到《四川政协报》等主流媒体的关注和宣传报道。

会员孙孟君的四川顺发电熔冶炼有限公司下辖崇州、洪雅、汶川、茂县 4 个公司，资产达 6 亿元，是四川省电石行业龙头企业。他带领企业开展环保节能攻坚的事迹和成果，在中央电视台

"发现之旅"频道 2019 年 4 月的《时代影像》栏目以"匠心精神系列——科技就是生产力"为题进行了专题报道。

民建崇州支部会员在服务于经济建设方面所取得的成果不胜枚举，像陈冬林、刘艳林等优秀专业技术人才也在各自的岗位上发挥专长，贡献智慧和力量。2018 年 9 月，刘艳林被评为崇州市第七批有突出贡献的医疗卫生行业"拔尖人才"；2018 年 11 月，陈冬林获得崇州市首届十佳"乡村工匠"称号。会员们取得的荣誉还有很多，不一一列举。作为民建会员的一分子，我深深以他们为傲。

2012 年，我作为崇州民主党派中第一个援藏的成员前往甘孜州白玉县，参加了为期两年的援藏工作；2014—2016 年，会员羊俊茹远赴非洲佛得角共和国进行国际医疗援助。2016 年、2018 年，会员杨志明、支部副主委张耿先后到阿坝州马尔康市援藏，致力

羊俊茹参加中国援非洲佛得角医疗队的证书

于藏区脱贫攻坚工作。值得一提的是，羊俊茹的援非之行，是新中国成立以来我市首次派员参加国际医疗援助工作。回忆起这段经历，她颇为感慨。当时她距法定退休年龄不足五年，到非洲佛得角共和国那个极为偏远又陌生的国度开展医疗工作，确实是一个巨大的挑战，同时也是一次难得的锻炼机会。诸多复杂、危急的病例使她积累了更多的临床经验。在非洲，她觉得自己是穿着白大褂的外交官，因为身份特殊，代表国家形象的自律意识和民族自豪感更加强烈。两年间，她共完成各类妇产科手术 2500 余人（次），接诊 2200 余人（次），管理住院病人 3200 余人（次）；多篇学术文章在《中国妇幼保健》《河南中医》《四川卫生国际合作与援外医疗》等杂志上发表。

民建崇州支部会员热心公益慈善事业，积极捐资助学、扶贫

帮困，支持道路、市政等民生工程建设，主动担当社会责任、广泛开展社会服务的事例不胜枚举，这里仅对 2008 年民建崇州支部会员参与公益慈善活动的情况略作记叙。据不完全统计，2008年，民建崇州支部会员为受灾群众捐助现金 100 多万元、物资价值 800 多万元。①

2008 年"5·12"汶川特大地震发生后，支部先后组织市内外社会力量向我市鸡冠山学校、怀远镇中学等 7 所学校捐款、捐物；主动联系民建武汉市委会，为崇庆中学捐赠价值 40 余万元的图书馆设施设备；积极协调民建中央中华思源扶贫基金会，为我市榿泉中学争取到 150 万元灾后重建资金。会员彭代兵的崇州市代兵物流有限责任公司共派出车辆 300 多车（次）参与运输救援物资；会员王自立迅速组织元通业达实业有限公司的吊车、平板车、装载机等大型装备，亲自带领救援队伍赶往灾区参与抢险，为转移受灾群众赢得了宝贵的时间；地震后第二天，支部副主委、明珠家具股份有限公司董事长王建兵以个人名义向重灾区捐款 50 万元，同时组织号召公司员工和全国各地专卖店职员开展捐款捐物和义务献血等活动，启动了赈灾义卖活动。据不完全统计，2008 年明珠家具公司向灾区捐款捐物价值达 600 多万元。

5 月 15 日，支部及时组织会员赶往极重灾区都江堰城区，给当地受灾群众送去了价值 2 万多元的食品等应急救灾物资；7 月，酷暑难当，支部组织会员为榿泉中学、正东街中学等学校的板房教室送去空调 4 台、电风扇 40 台，以解燃眉之急。

会员罗强除捐款捐物 40 多万元外，又带领恒昌房产公司积极参与重灾区文井江镇清泉村永久安置房项目的建设。该项目总投资 2 亿元，是我市灾后重建项目的前期社会资金之一，示范带动效应明显。

2008 年，支部被评为民建成都市委抗震救灾先进集体。支部副主委王建兵被评为"全国抗震救灾先进会员"；支部主委万长明被评为"四川省抗震救灾先进会员"；会员罗强、彭代兵被评为"成都市抗震救灾先进会员"；会员王建兵、万长明、罗强、彭代兵、余双清、王自立等被市政协评为"崇州市抗震救灾先进个人";会员谢关键被市政协授予"赈灾义卖特别贡献奖"。

2009年5月5日,全国政协副主席、民建中央第一副主席张榕明专程到我市榿泉中学视察灾后重建工作,肯定了民建崇州支部在抗震救灾工作中的责任担当和所做出的成绩,勉励会员们积极作为,继续努力,再创佳绩。

2009年5月5日,全国政协副主席、民建中央第一副主席张榕明(前排中)专程到我市榿泉中学视察灾后重建工作。副省长、民建四川省委主委陈文华(左四),成都市政协主席刘佩智(右四),民建四川省委副主委王元勇(左二),成都市人大常委会副主任、民建成都市委主委童若春(前排右二)、崇州市委书记范毅(前排左一)等领导陪同

近年来,由民建崇州支部会员经营的成都中鑫海汽车集团有限公司、成都市都得利管业有限公司等企业着力于精准扶贫工作,连年向马尔康市党坝乡、日部乡捐赠水泥、水管等价值近百万元的物资,并挂牌捐建一所爱心小学。

不忘初心、牢记使命,凝心聚力、助推发展。新一代民建会员坚定不移地跟着中国共产党走,为建设生态宜居的现代田园城市做出应有的贡献,这既是民建崇州支部的承诺,也是使命和担当。

注:
①数据来源于《民建崇州支部2008年度工作总结》。

民进崇州支部纪实

张向阳　郑文颖

中国民主促进会（简称"民进"）是以从事教育、文化、出版工作的高中级知识分子为主，具有政治联盟性质，致力于建设中国特色社会主义事业，与中国共产党通力合作的参政党。民进的主要创始人是马叙伦、王绍鏊、周建人、许广平、林汉达、徐伯昕、赵朴初、雷洁琼、郑振铎、柯灵等同志，大多是在全面抗日战争时期，留居上海的文化教育界进步的知识分子。他们在敌伪统治下，与中国共产党人一起，坚持抗日救亡斗争。抗战胜利后，又积极投入反对内战、争取和平，反对独裁、争取民主的爱国民主运动中。根据当时斗争的需要，中国民主促进会于 1945 年 12 月 30 日在上海正式宣告成立，其宗旨是"发扬民主精神，推进中国民主政治之实现"。

一

1985 年 7 月 7 日，万固钰（女，四川崇州人，现已退休）在云南省个旧市个旧一中以在职教师身份加入民进。1988 年 8 月，万固钰因工作调动回崇庆县，组织关系从云南省个旧市转到民进成都市委会并参加组织活动。1997 年 9 月 28 日，崇州市职业中专学校教师周世庆加入民进。2000 年 3 月 3 日，崇州市教委办公室主任科员兰少谦加入民进。因当时崇州籍会员已有 3 人，按照《中国民主促进会章程》的规定，经请示民进成都市委会批准，2000年5月11日民进崇州小组成立，周世庆任组长，万固钰、兰少谦为组员。2001年4月26日，崇州市蜀城中学教师刘德（后调入崇庆中学任教）加入民进。2001年9月6日，马灵（女，现任崇州市政协副主席）加入民进，会员达到5人。

在中共崇州市委统战部的具体指导和帮助下，2002年1月25日，民进成都市委会下达了《中国民主促进会成都市委会关于建立崇州市支部的决定》（成进〔2002〕02号）文件，当天民进崇州支部在政府招待所举行成立大会。民进成都市委会主委傅勇林、副主委杨建德，中共崇州市委常委、宣传部部长范维，统战部常务副部长杜学伟，市政府副市长陈刚等领导出席会议。经民进成都市委会任命，由周世庆任主委，兰少谦任委员。

2002年1月25日，民进成都市委会下达了《中国民主促进会成都市委会关于建立崇州市支部的决定》

2002年1月25日，中国民主促进会成都市委员会崇州支部成立大会在政府招待所举行。民进成都市委会主委傅勇林（前排中）、副主委杨建德（前排右一），中共崇州市委常委、宣传部部长范维（前排右四），市政府副市长陈刚（前排右三），统战部常务副部长杜学伟（前排左二）等领导出席会议

2006年10月8日，时任政协副主席冯卫康加入民进。2006年11月11日，支部召开第二次会员大会，选举产生了由4名委员组成的第二届支委会，冯卫康当选主委，兰少谦、杨志远当选副主委，张向阳当选委员。2002年1月至今，民进崇州

支部共产生四届支委会（见附表）。

崇州民进历届领导班子组成情况表

届别	成立（换届）时间	主委（组长）	副主委（副组长）	委员（组员）
崇州小组	2000.5.11	周世庆	—	万固钰、兰少谦
第一届	2002.1.25	周世庆	—	兰少谦
第二届	2006.11.11	冯卫康	兰少谦、杨志远	张向阳
第三届	2011.7.27	冯卫康	杨志远、张向阳	周玉兰、何强、袁兵、季志忠
第三届	2013.12.13（届中调整）	冯卫康	杨志远、张向阳、周玉兰	袁兵、季志忠、徐佳彬
第四届	2016.11.4	冯卫康	张向阳、周玉兰	马灵、季志忠、徐佳彬、郑文颖

2017年4月7日，因民进大邑支部成立，原编入崇州支部参加组织活动的18名大邑籍会员转入大邑支部，目前尚有1名温江籍会员编入崇州支部参加组织活动。

截至2019年6月，民进崇州支部会员由成立之初的5人增加到现在的40人。其中，成都市人大代表2人，崇州市人大代表2人（含人大常委1人），崇州市政协委员11人（含政协副主席1人，常委3人）。

二

民进崇州支部成立17年来，在中共崇州市委和民进成都市委的领导下，在中共崇州市委统战部的具体指导与帮助下，认真贯彻落实民进中央、四川省委、成都市委各项工作部署，按照"以政治交接为主线，以参政议政和自身建设为重点，努力把民进建设成为适应二十一世纪的高素质参政党"的基本工作思路，以"制度建设、作风建设、组织发展"为重点，扎实推进支部组织建设。通过组织会员对中共各个时期重大战略思想和路线、方针、政策以及对民进会章、会史的学习，弘扬民进优良传统，教育引导会员牢记肩负的时代责任，进一步增强在中国共产党的领导下，坚持走中国特色社会主义道路的理想信念。

在制度和作风建设方面，支部以努力打造政治坚定、作风优良、工作高效、团结合作的领导班子为重点，建立健全了财务、考勤、学习、"一帮一"活动等制度，并将各项制度汇集成册印发全体会员。通过强化学习，确保支部对中央、省市各级文件会议精神认识到位、贯彻到位；通过开展考察调研、国防专题教育、联谊兄弟支部等活动，不断强化会员的集体意识、组织意识和纪律意识，增进会员友谊，增强支部凝聚力。2010年12月，支部制定了《民进崇州支部组织发展程序》，对组织发展原则、会员加入条件、入会程序等做出了细化规定。坚持以教育文化界别为主，积极吸收医卫、法律、经济界和机关干部等各方面、各行业的优秀人才入会。

三

支部成立以来，会员中的政协委员认真贯彻人民政协"长期共存、互相监督、肝胆相照、荣辱与共"的方针，根据自身的特点和优势，认真履行政治协商、民主监督、参政议政职能，积极参加中共崇州市委、市人大、市政协以及市委统战部等组织的各民主党派、工商联以及无党派人士的协商会、座谈会、通报会120余次，多次应邀参加崇州五年规划的制定、政府年度工作报告的讨论座谈。组织会员深入全市25个乡镇，开展专题调研40余次。围绕崇州产业发展、城市环境整治、基础设施建设、文化教育、医疗卫生、城市交通等方面的热点、难点问题，以及涉及经济社会发展的重大问题、重大公共利益和重大民生政策的贯彻执行情况等提出了切实可行的意见和建议，为崇州的经济、社会建设做出了积极贡献。

支部成立至今，在成都市、崇州市两级人大、政协两会期间，累计提交议案、提案200余件。2014年，集体提案《关于构建新型农业信息服务体系的建议》由民进成都市委提交政协成都市十四届二次会议，被列为 1 号提案；集体提案《关于崇州"两化融合"发展路径的思考》被政协崇州市第十三届三次会议列为 1 号提案。此外，支部组织会员撰写了一批内容翔实、对策措施具体、具有可操作性的优质调研文章，为市委、市政府的科学决策提供了有益参考。2015 年，支部针对我市三郎镇樱花基地建设撰写的调研报告《将崇州市三郎镇万亩樱花纳入旅游产业规划的建议》，得到中共成都市委书记黄新初的肯定性批示，报告中提出的"以花为节"发展旅游经济的思路，正在三郎镇逐步实施，对优化当地的产业结构，改善群众的生活、居住和就业环境产生了积极的影响。

支部按照"实事求是，量力而行，拾遗补阙，讲求实效"的原则，组织会员充分发挥自身的人才和智力资源优势，积极开展多层次、多方位的社会服务，投身崇州建设。

第一，立足本职工作，敬业奉献。支部中的教育界会员辛勤耕耘，无私奉献，教学成果连创佳绩。2014 年，支部会员、四川省特级教师刘德执教的崇庆中学 2014 届 16 班当年参加高考，取得了全班 37 名学生中 13 人考分在 600 分以上，重本上线率达 100% 的优异成绩；2017 年，他执教的班级高考取得了 8 人进入崇州市理科前十名的佳绩。支部会员、崇州市文联常务副主席、画家马灵 2015 年参加民进中央、民进省委会组织的"同心彩虹"赴黔西南创作采风活动，义卖书画作品 1 幅，筹资 5500 元捐助贫困学生完成学业，并有 1 幅作品被选送北京参展；2018 年，马灵被民进中央开明画院特聘为画师，并当选为民进四川开明画院副院长，展示了民进会员的风采。

第二，发挥界别优势，积极引资引智，助推崇州发展。支部按照 2014 年崇州市人民政府与民进成都市委签订的《战略合作框架协议》的要求，积极推动"进崇战略合作"，先后邀请苏州大学教育哲学博士、成都市武侯实验中学校长、语文特级教师李镇西，四川师范大学教育与心理学院教授、硕士生导师游永恒，四川大学华西医院心理卫生中心主治医生廖红等知名专家到我市开办快乐教学法、学生日常心理卫生、中考前学生家长心理调节等方面的专题讲座，受到师生和家长的普遍好评。支部充分发挥律师会员的法律专长，积极参与"法律七进"普法宣传活动。2013—2014年，副主委张向阳受聘担任崇州市人民

2016年9月29日，四川师范大学教育与心理学院教授、硕士生导师游永恒到我市开展《德育教育的创新》专题讲座

政府法律顾问，他和律师会员聂卫东先后为共青团、青年联合会、中小学校、乡镇村社、企业界人士开展相关行业领域的法律专题讲座30余次。

第三，心系基层，各尽所能，帮贫扶困。支部会员结合自身实际，积极投身社会公益事业，用实际行动担当社会责任。2008年"5·12"汶川大地震、2013年"4·20"芦山地震发生后，支部会员积极行动，慷慨解囊，累计捐款捐物（折价，下同）达50余万元①，为抗

2009年5月，支部联系民进成都市委会组织爱心企业向我市怀远中学捐赠电视机33台用于教学

震救灾做出了应有的贡献。2009年5月，经过支部积极争取，民进成都市委会组织爱心企业向我市怀远中学捐赠液晶电视机33台用于教学。时任民进成都市委会主委、成都市人民政府副市长傅勇林参加了捐赠仪式。2010年5月31日，支部争取民进成都市委

会的支持，向崇州市三郎镇九年义务教育学校捐赠了价值 4 万元的图书，向隆兴中学捐赠了价值 6 万元的教学设备，中共崇州市委常委、市委统战部部长杨亚群出席捐赠仪式。[②]据不完全统计，会员们通过春节、重阳节等传统佳节开展"访贫问苦送温暖"活动，累计走访慰问三郎、梓潼、怀远等乡镇的贫困户数百户，发放慰问金、慰问品总值 20 余万元。[③]一直以来，崇州市民进支部积极开展爱心助学活动。支部会员累计为崇州、大邑、温江、甘孜、西藏等地的贫困学生捐款捐物达 10 万余元[④]，连续四年坚持帮助考上清华大学的贫困学生完成学业。每年组织医卫界会员开展送医送药义诊活动。支部会员秦正军经营的崇州浩康医院藏区患者较多，他除了积极减免藏、汉族贫困患者的医药费外，多年来一直坚持组织医疗队深入若尔盖、阿坝、红原、马尔康等藏区市（县），开展义诊活动，为藏区患者免费送医送药，总值达 200 万元以上。2017 年 5 月，秦正军响应崇州市对口支援马尔康市的部署，积极促成崇州浩康医院与马尔康市人民医院签订帮扶战略合作协议，为藏区医疗事业发展注入力量。2017 年，崇州浩康医院被中共四川省委宣传部、统战部和省民宗委评为"民族团结创建活动示范医院"，被成都市人民政府评为"民族团结创建活动示范单位"。民进崇州支部始终坚持讲品位、重艺德、树新风的原则，积极开展各类寓教于乐的文化活动，丰富群众精神文化生活。2013年，支部与市委统战部共同举办了"和谐之春"新年音乐会，讴歌了崇州经济建设成就。

支部自成立以来，不断发展进步，先后获得了一些荣誉。2014年，在民进四川省委会组织的以"创建先进组织，争做优秀会员"为主题的创先争优活动中，被评为"四川民进先进基层组织"；2015 年，中国民主促进会成立 70 周年之际，被民进中央委员会评为"民进全国先进集体"；2018 年，在纪念成都民进成立 60 周年评优活动中，被民进成都市委会评为"优秀基层组织"。

注：

①②③④的数据来源于民进崇州支部历年工作总结。

农工党崇州市支部溯源

陈 刚

2019 年，中华人民共和国成立 70 周年，人民政协成立 70 周年。值此之际，整理中国农工民主党崇州市支部的历史与发展情况，就很有必要了，而这一切要从崇州籍四川农工党创始人周澄波同志谈起——

四川农工党创始人——周澄波

周澄波，1899 年生于崇庆县复兴乡雁乐村（今崇州市三江镇宋桥村），2019 年是他 120 周年诞辰。他的祖父周老贡是该乡有名的士绅。周澄波早期加入中国共产党，是四川农工党创始人，但关于他生平事迹的相关史料较少，记载不详。为了深入研究四川农工党党史，自 2010 年起，农工党崇州市党小组（支部）在农工党四川省委会党史编撰组副组长钟华的带领下，先后走访了中共崇州市委党史市志办、市档案局、三江镇党委政府、宋桥村村委会，以及曾经与周澄波女儿周德智和张露萍烈士

根据周澄波同志直系亲属容貌特点，用电脑合成的周澄波肖像

同班的肖淑玉老人、周澄波外孙阮德恩、侄孙周潗鑫等人，根据

有关人员的叙述，查阅了相关史料，梳理出了周澄波同志的生平事迹，并根据其直系亲属的容貌特点，用电脑合成了他的肖像。

周澄波由成属联合中学毕业后，于1920年考入北京中国大学。他深受五四运动的影响，信奉孙中山的三民主义，立志通过文化教育传播先进思想。1925年赴日本留学攻研政法。不数月，遇东京地震，旋即回国。回国后即加入中国共产党，到成都邓锡侯部其叔父周绍芝旅当参谋。次年离开该军，回崇庆县任教育局局长。任职期间，他暗中拨款，在三江乡杨泗庙办起"农民夜课学校"（后叫农会），免收学费、灯油费、书本费，入学者达百余人，多为穷苦农民。还拨款在三江乡建立起崇庆县第一个图书馆，宣传革命思想，扩大影响。他的藏书有严复译的《天演论》和《新青年》《晨报副刊》等书籍杂志，书上钤有"富贵贫贱，何荣何辱，无知无识，何贵为人"的印记。他的诸般举动，引起国民党当局的不满，遂以经费开支过大为借口，在一年多后将他免职。其后他回到复兴乡，在土主庙创办农村小学，自任校长，从成都聘请老师任教，还把附近的四五十名青年农民组织起来，每天早上教习武术，进行思想教育，号召农民"快些组织起来"，"团结斗争，造成我们的新世界"。其间，他家新修龙门子，他请人在大门上塑起孙中山先生像，并在两侧亲书总理遗训"革命尚未成功，同志仍须努力"为联。①

1927年，在北伐战争革命浪潮的鼓舞下，周澄波安排好村学事宜来到武汉，响应中共三大关于国共合作的决议，以个人名义加入了中国国民党，在国民革命军总政治部宣传科任干事（当时，邓演达任总政治部主任，郭沫若任副主任，潘汉年任宣传科科长），曾与周恩来、吴玉章、刘伯承、恽代英等共事，与中共中央政治局委员、农民部部长、国民党中央组织部部长谭平山联系紧密。4月12日，蒋介石在上海公开叛变革命，大肆逮捕、屠杀共产党人和革命群众。4月15日起，在邓演达、恽代英等领导下，周澄波等在铁路沿线一带向市民进行政治宣传工作，组织反对蒋介石背叛革命的活动。7月15日，汪精卫集团在武汉公开背叛革命，第一次国共合作失败。之后，周澄波与党失去联系，他与总务科牟柏棣等人隐蔽在长沙。"八一"南昌起义后，他化名田吉忠辗转上海，回到四川，在岷江大学任教，兼训育主任，继续拥护三大政策，声讨蒋汪。[②]

1927年冬，成都市政府秘书长、岷江大学校长黄子谷接到四弟黄慕颜从上海的来信，称邓演达在海外正约集一些国民党左派和其他进步人士组建一个新党，初步定名为"中华革命党"（1930年正式成立时，定名为"中国国民党临时行动委员会"，即中国农工民主党前身），要黄子谷在四川响应。黄子谷邀约在该校任教的周澄波等人做该党在四川的发起人。其时，该党既反对国民党蒋介石的独裁统治，又认为共产党的主张不易为群众所接受，想另觅第三条道路，人称"第三党"。

1928年春，因周澄波与谭平山的关系紧密，由他去上海寻找中共党组织，联络"第三党"中央。他在上海面见了谭平山、黄慕颜等人，回成都后，立即组织黄子谷、文光甫、吕一峰、董人宁（共产党党员）等人成立了"第三党"四川省委。"第三党"组织建立起来以后，以"护党大同盟"的名称对外开展活动，主要任务是拥护孙中山先生的三大政策，反对蒋介石的独裁，在四川反对"三军联合办事处"的一切反革命活动。"第三党"四川省委主要开展以下工作：一是发展组织，培训干部。1929年年底在全川（主要是成都、重庆两地）发展了一百多人。二是反对国民党的清党运动。"第三党"采取分化方式，瓦解了负责清党的国民党四川指导委员会。三是支持工人的正义斗争。当时，成都人力车夫为反对车行老板提高租金开展斗争，"第三党"积极支持，并取得了胜利。四是开展学生运动。"第三党"先接收美术学校，支持学生开展"打倒列强，铲除军阀"等学生运动；号召学生反对帝国主义侵略，推翻帝国主义和北洋军阀在中国的统治；扩大岷江大学，使该校拥有东胜街、宁夏街、燕鲁公所三个校址。五是阻止国民党四川省党部对付共产党。当时，国民党要派人到各县成立党务整理委员会，"第三党"多方利用熊子骏、李星辉、杨全宇、叶松石等国民党改组派的关系，介绍德阳的戴新三、铜梁的熊公弼、宜宾的解维哲等人去开展工作。这些人表面上是为国民党工作，实际上是帮助共产党，并为"第三党"工作。不久，"第三党"省委会陆续收到从上海寄来的《科学的三民主义》等小册子，上面有中华革命党的宣言和纲领，有谭平山、宋庆龄、邓初民、苏兆征等人的文章。周澄波从上海返回成都，路过重庆时，特意去拜访当年与他一道在长沙隐蔽的牟柏棣，并介绍牟加入"第三党"。回成都后，他继续在岷江大学任教，同时兼顾在家乡创办的村学。此间，他又邀崇庆县人李郁卿、胡贵和、张一弛、罗雨时等人加入"第三党"。③

据四川省政协文史委主编的《多党合作在四川》（农工党卷）第三章记载：由于"第三党"内部主张不一，一派主张发动农民暴动以建立平民政权；一派则反对马上发动武装起义，而主张通过文化教育等阵地，争取先进知识分子，积蓄革命力量。当时，四川"第三党"内也有这种分歧，前者要发展地方武力，甚至要利用土匪的力量在灌县、阿坝一带组织农民暴动；后者则以周澄波为首，竭力反对这种做法，主张致力于搞好宣传教育，扩大思想阵地。两派争论激烈，只好各行其是。

1930年，周澄波从崇庆县去成都，说是为村学买书，却再也没有回来。原来，主张武装起义的国民革命军总政治部成员、"第三党"中央派来的孙侠夫想在农村建一个据点，决定在灌县与汶川交界的龙溪发动农民武装暴动。因孙侠夫不是"第三党"四川省委成员，他就让文光甫向省委会提出这个意见，省委会没有通过。周澄波激烈反对孙侠夫搞暴动；黄子谷也曾做孙侠夫的工作，主张先把学校办好，打好基础；吕一峰、董人宁也曾劝阻孙侠夫，但孙侠夫坚持己见，不听劝告，还大肆鼓吹要组织绿色国际，组织农民队伍。虽然"第三党"中的绝大多数人反对孙侠夫的冒进行为，但省委会对他的擅自行动也未做处分，只由周澄波将孙的情况向"第三党"中央做了汇报。1930年四五月份，孙侠夫的妻子戴曙霞到成都，并带了一封信，说是邓演达写给黄子谷和吕一峰的，却没有把信交出。戴曙霞向孙侠夫说周澄波向中央告了他的状。第二天晚上，孙侠夫就自杀了。怎样自杀的，至今仍是一个谜。一些人造谣说孙侠夫之死是周澄波逼的。孙侠夫自杀后，龙溪暴动前一天，准备搞农民武装起义的一派称党内开会，通知周澄波到会。待他行至成都锦江边时，从竹林中冲出数人，宣称要借他的头来祭起义的大旗。他们杀了周澄波后，火速奔赴龙溪，召开农民大会，凭借手中的300多条枪便一举暴动了。结果龙溪暴动失败，岷江大学被查封，四川"第三党"解体。不久，邓演达也被蒋介石秘密杀害于南京。

就这样，年仅31岁的周澄波牺牲了，历史的烟云逐渐掩盖了他的事迹……

农工党崇州市支部的成立

2012年7月，时任农工党成都市委会社会服务处副调研员的黄轩挂职担任崇州市街子镇副镇长，组织农工党党员刘刚（组织关系在成都中医药大学）、杨斌（组织关系在都江堰市总支）等人开展组织生活，商议建立农工党崇州市基层组织，并陆续

2014年4月11日,农工党崇州市支部在市政府招待所举行成立大会

发展王庆、李杰明、陈其加入农工党，组织关系挂靠农工党都江堰市总支。2013年1月，崇州共有5名农工党党员，经农工党成都市委会同意，设立农工党崇州市党小组。2013年11月15日，农工党成都市委员会下达了同意设立农工党崇州市支部委员会的批复。2014年4月11日，农工党崇州市支部在市政府招待所举行了成立仪式，农工党四川省委会副主委、成都市委会主委、成

都市政协副主席侯一平，中共崇州市委常委、统战部部长郑继良，崇州市政协主席杨学明，以及民革支部、民建支部负责人等出席了成立大会，农工党成都市委会组织处处长张波宣读了批复文件。这是崇州市继民革、民建、民进之后建立的第四个民主党派基层组织。刘刚当选为支部第一届主委，陈刚、冯涛为副主委，何麟、王庆、李杰明为支部委员。2018 年 7 月 11 日，支部召开了换届选举大会，产生了第二届支委会。

农工党崇州支部历届支委会组成情况表

届 别	成立（换届）时间	主 委	副主委	委 员
第一届	2013.11.15	刘刚	陈刚、冯涛	何麟、王庆、李杰明
第二届	2018.07.11	刘刚	陈刚、冯涛、何麟、帅志军	王庆、王东红、李文江、龚旭伟

支部现有正式党员 41 名，来自医药卫生行业的占 42%，科教信息行业的占 25%，人口资源、环境保护及其他行业的占 33%；本科以上学历者占 67%。其中，成都市政协委员 1 名、崇州市人大代表 2 名、崇州市政协委员 9 名（其中 1 人为常委）。

支部的责任担当和社会服务

农工党崇州市支部自成立以来，坚持"围绕中心、服务大局"的宗旨，求真务实，深入调研，道实情，建良言，扎实推进落实 2013 年农工党成都市委会与崇州市人民政府签订的战略合作协议（简称"农崇合作"协议），充分发挥参政党政治协商、民主监督、参政议政职能，以"健康中国""美丽中国"建设为主线，为打造"产业新城、品质崇州"积极建言献策。近年来，为助推"健康崇州"建设和大数据产业发展，农工党支部联系省中医信息学会会长王笳等专家，在鸡冠山琉璃村打造"保护中医药文化助力中药材产业发展"基地，将"四川省中医药大数据发展基地"引入崇州，引进从事中医药材种植、收购、加工、销售、数据应用等业务的高科技企业入驻崇州 IPC 枢纽大楼，引资 2100 余万元。

农工党崇州市支部成立以来，历年列席中共"党代会"，积极参与政府工作报告的讨论、"十三五"规划的制定，在加快转变政府职能、深入推进供给侧结构性改革等方面积极建言献策。在崇州市两会期间，农工党崇州市支部围绕经济、政治、文化、社会、生态文明建设等方方面面，提交集体、个人或联名提案 35 件，内容丰富、针对性强、质量较高。2017 年，《关于以大数据引领我市经济转型升级，提升政府治理能力服务民生社会事业的建议》被评为市政协年度优秀提案。2016 年提出的《关于设立大数据管理局》《加强中医药领域大数据应用》、2018 年提出的《关于小学阶段延时放学的建议》《关于在我市建立大数据和智能制造产业基地》等被选为大会重点建议提案，得到与会领导和代表委员的充分肯定。会员们在分组讨论中的发言和提案，也被两会简报摘要刊登。

2013 年，农工党崇州市支部实施长效医疗卫生帮扶机制，先后邀请省林业医院、省第二中医医院儿科专家肖量、骨科专家潘良春等指导、培训街子公立卫生院医生，定点帮扶崇州蜀州颈腰病痛医院、崇仁皮肤病医院，并为"农崇医疗"帮扶医院怀远镇卫生院举行授牌仪式，着力推动基层卫生医疗水平的进一步提升。

2014 年，支部协办的"第四届全国可穿戴计算学术会议暨首届中国（国际）智能可穿戴技术与产业论坛"在崇州市成功召开，汇聚了来自美国、德国的专家学者，以及国内院士、专家、学者、企业家、投资者等 500 多人，是国内该领域最高规格的一次盛会，CCTV、《四川新闻》、《成都日报》等多家主流媒体、网络媒体聚焦崇州，为崇州"智慧城市"建设和大数据产业发展创造了机会。

2015 年，农工党崇州市支部发动党员捐资助学，为江源镇 15 岁孤儿杨志富筹集教育款 1.17 万元。组织党员企业家为鸡冠山卫生院购买了价值 3 万元的 13 套医疗用床，并积极参加"心连心"活动，对因病致贫的鸡冠山乡贫困村民蒋明清等家庭开展康复治疗和医疗救助。

2016年，通过支部委员李文江搭建的"四川省齐力慈善基金会·蜀州医疗救助专项基金"平台，每年利用约300万元的基金经费开展医疗救助、健康教育、医保政策宣传、医改政策宣讲、基层医生培训和农村适宜中医药技术推广，为群众搭建平台，为政府分忧，长期送健康到社区，开展健康知识科普讲座暨义诊活动等。

2017年，支部开展"我为扶贫攻坚做件事"的主题活动，组织崇州市医卫届政协委员26人赴马尔康市进行对口帮扶和义诊活动。在"崇州—马尔康卫生事业发展专题协商座谈会暨合作协议签订与医疗救助基金捐赠仪式"上，支部党员龚旭伟、李文江共捐赠2万元现金作为医疗救助基金，并就马尔康市的医疗卫生事业发展积极建言献策。

2018年，农工党崇州市支部认真贯彻崇州市政府《关于进一步加强同民主党派联系的通知》文件精神，先后与市卫计局、市民政局召开进一步加强工作联系的座谈会，建立起联席会议制度并签署合作协议。2018年，支部联合民政局、卫计局开展颈腰椎病、皮肤疾病慈善救助活动50场（次），救助患者200名，免费救助特困医保患者100名；定额救助贫困患者100名，每名患者最高补助800元。2019年，由市委统战部、卫健局、民政局主办，支部承办的"做好'慢性病预防'和'健康管理'，助推'健康崇州'建设工作"正式启动，为重点人群免费提供健康管理服务，预计全年服务3000人（次），资助金额约240万元。

2015年，农工党中央授予支部"全国优秀基层组织"光荣称号

2015年，支部被农工党

中央授予"全国优秀基层组织"光荣称号；2017年，被中共四川省委统战部、省人社厅等九部门授予"四川省各民主党派开展坚持和发展中国特色社会主义学习实践活动"先进集体；2015—2018年，被农工党四川省委会评选为优秀基层组织；2013—2018年，被农工党成都市委会评选为先进基层组织、组织建设先进集体、思想宣传先进集体、参政议政先进集体、社会服务先进集体。

为了进一步发掘周澄波同志生平事迹，整理农工党历史，2017年2月22日，农工党四川省委会副主委、成都市委会主委、成都市政协文化文史委主任甘华田，率队前往三江镇宋桥村察看周澄波故居情况，并与中共崇州市委书记赵浩宇，崇州市政协主席杨火清，中共崇州市委常委、统战部部长毛向阳等就做好周澄波故居保护，

2017年2月22日，农工党四川省委会副主委、成都市委会主委、成都市政协文化文史委主任甘华田（右三）率队察看周澄波故居状况

学习周澄波精神举行座谈会。可以告慰周澄波同志的是，在中国共产党领导下，中国人民推翻了三座大山，建立了社会主义新中国。经过40年的改革开放，中国发生了翻天覆地的变化，正大步走向繁荣富强，他的家乡也变得越来越美丽，老百姓受教育的水平日益提高，生活更加富足安康。

注：

①《崇庆县志》（1911—1985）第655~656页（四川人民出版社，增订版）。

②中共崇州市委党史研究室编：《中共崇州市地方史》第一卷（1921—1949）第20页。

③四川省政协文史委编，黄子谷著：《多党合作在四川》（农工党卷）第三章（1981年版）。

④《百年崇州·人物志》第1688页。

⑤《崇州文史资料》（第二十一辑）第13~18页。

⑥余子龙主编《听江乡志》（1983年）。

百年崇中

【编者按】2019 年是五四爱国运动 100 周年，也是崇庆中学建校 100 周年。一百年前，中国同盟会会员、四川保路同志会的负责人之一龙应铭（崇庆县城厢镇人）与邓毓昆等人多次向当局呼吁在县试院筹建崇庆县中学。在崇庆县知事方潮珍的大力赞助和龙应铭、陈家燊、谢汝霖等开明人士的共同努力下，经四川省署批准，崇庆县立中学于 1919 年 1 月建立。自建校至今，这所百年老校培养了代代英才。如今，崇庆中学已是四川省首批省级重点中学、四川省一级示范性普通高中。为庆祝崇庆中学建校 100 周年，本辑专门设置了"百年崇中"栏目，收录了 3 篇文章，以志纪念。

崇庆中学赋

陈　龙

江原故郡，蜀州新府①。枕倚龙门，襟带三河②。山川胜而毓灵秀，道途通而聚翘楚。物阜民丰，自古繁庶之地；尚书崇文，素来礼仪之邦。常璩撰史，成春秋之圭臬③；放翁赋诗，领两宋之风骚④。群贤云集，龙翔凤翥。才墨之薮，四方辐辏⑤。

陈　龙

中体西用，新学肇其端⑥；黉门鼎新，先驱启其绪⑦。岁在癸卯⑧，应铭创求是学堂，广开教化泽桑梓；时值己未，省署设县立中学，重教兴学育栋梁。校长陈情，乡贤解囊⑨；筚路蓝缕，同克时艰。民族存亡关头，绛帐疾呼⑩；投笔从戎之际，青衿呐喊⑪。逐日寇，抗美帝，扫流匪于宇内，御列强于国门。

华夏新生，唯贤是登。崇德弘道，沐先圣之遗风；近思博学，启历史之新篇⑫。壬戌季春，登首批省重，傲视群雄；丙申仲秋，列一级高中，睥睨四方⑬。师道尊而学者众，学风优而名家出。执川西泮宫之牛耳，寔学子圆梦之摇篮。苟公清泉，汲汲而究，物理学界扬美名⑭；才俊鸿飞，孜孜以求，化学领域展英姿⑮。周公先慎，精通古典，真乃文坛巨擘⑯；巾帼余旭，魂归长空，不愧三军楷模⑰。

老校清雅⑱，银杏环抱，花掩曲径。新校恢宏⑲，广厦千间，错落有序。书声琅琅，桂香缕缕。朱墙矗立，碧树鸟鸣。

壮乎哉！名师荟萃，春风化雨；学子勤勉，志存高远。三尺台前，传道授业亦解惑；十秩流光⑳，披荆斩棘终涅槃。弦歌不绝，薪火传承。论道思问，扬帆精品；崇尚荣誉，追求卓越㉑。砥砺奋进，乘时代之长风；开拓创新，得万民之称颂。誉播八方，幼学慕名；折桂无数，育人有成。

伟乎哉！崇中百年，溢彩流光；百年崇中，风茂华苍。追梦崇中，抚凌云之壮志，奏铿锵之韶章！

公元二〇一九年岁次己亥正月谨识

【作者简介】陈龙，男，1988年10月生，四川崇州人。崇庆中学2007届学生。西南大学食品科学学院食品科学与工程专业毕业，工学硕士。现任新希望乳业股份有限公司高级经理，主要从事科技项目与知识产权管理工作。荣获5项国家发明专利、6项实用新型专利，在核心期刊发表论文13篇，参与申报省、市级级科技计划项目。

注：

①四川省崇州市历史悠久，汉朝时置江原县；晋置汉原郡，后改为晋原郡；南朝齐改晋原郡为晋康郡，后又改为江原郡，治所在江原县（今崇州市怀远镇），辖境约当今崇州市行政区域，所以说是"故郡"。唐朝武则天垂拱二年置蜀州，蜀州即今崇州，所以说是"新府"。

②"枕倚"指凭倚、依托；"龙门"指位于崇州市西北的龙门山脉；"襟带"指衣襟和腰带；"三河"指崇州市境内的三条主要河流：西河、黑石河和金马河，这里形容三条河流及其支流犹如古人的衣襟和腰带一样流经崇州市地界。

③常璩（约公元291年—约公元361年），字道将，蜀郡江原（今四川省崇州市）人，东晋史学家，撰写的《华阳国志》是中国现存最早、最完整的一部地方志，成为千百年来地方志著作的准则，是一部影响深远的史学巨著。"春秋"泛指史册。"圭臬"是古代测日影、正四时和测量土地的仪器，这里引申为地方志的准则和法度。

④"放翁"即南宋爱国诗人陆游。南宋乾道九年（公元1173年）春，陆游被任命为蜀州通判，在崇州写下许多著名诗篇。陆游在南宋诗坛上占有非常重要的地位，赵翼、周恩来等认为宋诗陆游为第一。

⑤"才墨之薮"指文人聚集的地方。"四方辐辏"比喻四方的人才像车轮上的辐条聚集在毂上那样汇集到崇州。

⑥中体西用是清末洋务派的教育指导思想，当时新学之风渐

盛。清光绪二十七年（公元 1901 年），清政府令各地书院改为学堂，民国四年（公元 1915 年），崇庆县知事方潮珍禀报四川省署，请求开办崇庆县立中学。

⑦"黉门"指古代学校的门，现在借指学校。在旧学与新学交替之际，龙应铭、方潮珍、陈家燊等新学先驱为崇庆中学的创立做出了巨大贡献。

⑧指 1903 年清廷颁《癸卯学制》，废科举，建学堂。

⑨"校长"指崇庆中学首任校长陈家燊，建校之初办学经费紧张，他在任期内不断向当时的四川省政府请求经费支持，为崇庆中学的创立和建设都做出了巨大贡献。"乡贤"代指张良臣、刘元琮等人，当时慷慨捐资支持学校建设，资助众多寒门学子。

⑩"绛帐"即红色帐帏，东汉马融学识渊博，常在高堂上设置红色帐帏为学生讲授，后用"绛帐"表示对老师的美称。

⑪"青衿"即青色交领的深衣，是周朝学子和北齐、北周、隋唐、两宋国子生的常服，借指学生。

⑫崇庆中学在经过多年动荡后重新开办，从此揭开了长足发展的新篇章；"崇德弘道，近思博学"为崇庆中学新时期的校训。

⑬1982 年 4 月，崇庆中学被四川省政府命名为四川省首批重点中学；2016 年 9 月，崇庆中学被四川省教育厅认定为四川省一级示范性普通高中。

⑭苟清泉（1917—2011）男，汉族，四川邛崃人，著名物理学家，吉林大学物理学科创始人之一，四川大学终身教授，1998 年被四川省认定为首批学术带头人。崇庆中学初中男生第 16 班（1932.2—1935.1）学生，1942 年毕业于中央大学物理系，中国共产党党员，我国原子分子物理及高压物理合成理论研究的奠基人之一，物理力学与高压物理学家，原子与分子物理学科建设的创始人，德高望重的教育家。

⑮王鸿飞，崇庆中学初 1981 届、高 1983 届学生，复旦大学化学系特聘教授，美国国家科学院院士，美国能源部西北太平洋国家实验室物质与计算科学部及环境分子科学实验室主任科学

家；中国科学院北京化学研究所研究员；中国科学院化学研究所分子反应动力学国家重点实验室副主任、分子反应动力学实验室主任。入选中国科学院"百人计划"杰出科学家。

⑯周先慎（1935—2018），男，汉族，四川崇州人，北京大学教授，中国古代文学专业博士生导师，在古代文学研究方面造诣颇深。

⑰余旭（1986—2016），女，汉族，四川崇州人，中国首批歼击机女飞行员，首位歼10战斗机女飞行员，曾任空军八一飞行表演队中队长。2016年11月12日，她在飞行训练中壮烈牺牲，被批准为革命烈士。

⑱崇庆中学老校区位于崇州市崇阳镇小东街，环境优雅，绿树成荫。

⑲因"5·12"汶川地震，崇庆中学于2009年迁址新建于崇阳镇学苑东路，占地面积达155亩，建筑面积达48000平方米，建筑群落在简欧风格中融入东方建筑色调，中西合璧，大气中正。

⑳"十秩"即一百年。"流光"指如流水般逝去的时光。

㉑近年来，崇庆中学实施的"思·问"高效课堂模式在业内影响较大，并确立了新的发展定位："崇尚荣誉，追求卓越，引领示范，提升品质，走精品教育发展之路。"

崇庆中学的师生情

熊 伟

一

1978 年恢复高考后，我是考入崇庆中学的第一批初中生（初81 级 1 班）。进校时，只有初一两个班，没有初二、初三，在校生只有高 79 级、高 80 级。我在这里读完初中、高中。进入崇庆中学，是我人生的一个重要分水岭，也是最值得我怀念的一个阶段，它彻底改变了我的生活以及之后的人生道路。

崇庆中学的前身是清代考棚，当年川西平原无数学子从这里出发，走过"难于上青天"的蜀道，走向外面的世界。至今，我仍然记得，当我和后来的同学李果①、张弋②刚刚踏进这所学校时，内心真实的感受和震撼：崇庆中学好大啊，比崇庆县还大！这是少年稚气的感慨。从

崇庆中学初 81 级 1 班毕业照。图中，第二排左起第五人为英语老师王家宜，第六人为班主任黄蕊老师；第四排左起第二人为李果，第六人为本文作者熊伟，第九人为张弋

某个方面说，是崇庆中学引导我们走向更广阔的世界，这里是我和李果、张弋"三兄弟"跨世纪友情的起点。

进入崇庆中学，我的视野逐渐被打开，认识并交往了一些后来影响我人生轨迹的老师和同学。记忆中，崇庆中学的生活机械而单调，每周上6天课，只休息1天。每天早上6：00起床，6：30到校晨跑，7：00—7：40早自习，背语文或者英语。上完自习，通宿生回家吃早饭，住校学生可以在食堂吃那种很大很香的馒头。除了吃饭和短时间的休息，从上午8：20至下午5点左右都有课。下午上完课，到操场锻炼。18：40—21：00开始晚自习，完成各科大量的作业，或者复习、预习。晚上9点半左右回宿舍或回家睡觉。这样机械的生活周而复始，波澜不惊。

初中阶段，教我们的老师们大多正值壮年，而同学们还是懵懂少年。我的初中班主任黄蕊，35~40岁，刚刚从外地调入崇庆中学，教我们语文。她写一手漂亮的板书，教学一丝不苟，简洁明了，绝不拖沓，上她的课真的必须"严肃紧张"，但这正是我一直很敬佩她的地方。那时，学校有严格的管理制度，作为班主任，黄老师对所有同学的管理都非常严格。在我的印象中，她属于不怒自威型，常常让我们服服帖帖，而且是心服口服。

近日阅读杨绛先生的访谈，对其中一句话印象深刻："我觉得在艰难忧患中最能依恃的品质，是肯吃苦。因为艰苦孕育智慧；没有经过艰难困苦，不知道人生的道路多么坎坷。"细细想来，"肯吃苦"竟是崇庆中学赋予我们的一项特质。

那时候每天早上，老师都陪着同学们出早操。记得一个寒冷的早晨，一位男同学因为睡懒觉迟到了，被黄蕊老师责备，他有些不服气地说："他们二班的赵老师为什么没有来跑步？"黄蕊老师刚跑完步，喘着粗气，犹豫了一下，对这位同学说："赵老师是女生，今天得了不能跑步的病，你有什么理由不早起锻炼呢？"30年后遥想这个情景，真觉得当年初81级1班、2班的班主任黄蕊老师、赵亚群老师就像呵护着一群孩子成长的两个母亲——操劳、慈爱、用心，有时还有那么一点点恨铁不成钢。

　　老师们对我们的影响不仅是言语教育和引导，更多的是一种感染力。那时崇庆中学教研室门前有一片腊梅，每到腊月，黄灿灿的梅花绽放，校园弥漫着梅花的阵阵清香。一天放学后，校园里已经没有人了，张弋碰巧和我一起走，他对我说，那边的腊梅很不错的，我们折一枝带回去吧！当时我觉得这样做不好，也担心万一被老师看见就麻烦了，劝他别折了，却经不起他的劝说。我们一起来到梅园，正准备伸手攀折梅花，却看见黄苾老师夹着几本书路过这里。她见到我们并没有申斥，而是微微一笑，说："梅花很漂亮，不过应该留给大家一起观赏，对吧？"然后她继续往家里走去，她住在这片园子后面的教师宿舍。

　　等黄老师一走，张弋缓过神来，对我说："咱们还是折一枝赶紧走吧，反正黄老师也回去了。"鬼使神差，我们俩又把手伸向了梅花。一扭头，就看见黄老师夹着书正站在那里，她并没有走！当时我恨不得找一个地缝钻进去。我俩羞愧难当，说不出的沮丧，在老师的眼皮底下仓皇逃窜了。

　　这件事，黄老师后来没再提起。但从那之后，我就敬畏她的目光，那目光让我时时感到惭愧，警醒自己别做错事。

　　2013年，黄苾老师因病去世。学生们为她拟就这样的墓志铭：

　　老师，您长眠于此。您曾引导和陪伴一群少年走过人生最朦胧的时光，您让他们看到人性、智识、信念那一束美好的光。

　　这是我们对黄老师最真切的敬意和怀念！

二

　　初一第二学期，我们班新来了一位英语老师。和前一任漂亮的英语老师赵文英相比，这位老师显得太"寒碜"了：白皙的脸上布满皱纹，一顶与电影《林海雪原》里"栾副官"一样的旧式压耳棉帽紧紧地扣在他没多少头发的头上，一身看不出原色的中山装套在胀鼓鼓的棉袄外面，肥大的裤腿疲惫地覆在一双早该退休的棕色皮鞋上。他一走进教室，还没等他开口，好些生性活泼的同学已经笑出声来，羞涩一点的学生也咬着嘴唇窃笑。他在黑板上写下自己的名字"王家宜"，自我介绍说："我是你们新来的英语老师，由我接替赵老师来带你们班的英语，因为她有其他的工作安排。我是刚刚恢复工作来到崇一中，希望大家多支持我的工作。"

也许是因为他的衣着、形象太不像一个老师了，不知道出于什么心理，我们这些原本被黄苤、赵文英、陈学强等老师训教得纪律严明的学生在课堂上莫名地兴奋起来，他在课堂上讲什么似乎已经没有人关心了，一高一矮两个男生甚至冲上讲台，很感兴趣地摩挲着他的衣服。他显然没有料到会出现这种状况，慌乱地躲避着两个男生的捣蛋。高个子男生冷不丁从他头上把那顶小炉匠式的棉帽抓下来扣在自己头上，笑着冲讲台下的同学们做了一个得意的鬼脸。他十分尴尬地站在讲台上，没戴帽子的头上露出了稀疏的长发。忽然，年过五旬的他捂着脸哭出了声。

所有同学的笑脸立刻僵住了，两位捣蛋的男生也吓得赶紧跑下了讲台。老师抽噎了几声之后，好不容易才对大家说出一句话："同学们啊，你们太不知道珍惜了！"说完，他离开了教室，同学们都愣在了那里。

王才秀校长到班里把我们狠狠训了一顿，才又把王家宜老师送到我们的英语课堂上。

后来，我断断续续听王家宜老师讲起他的经历：他打小生活在北京王府井，上的是教会学校，英语非常好。1951年从重庆大学外语系毕业后，到四川省翻译局做职业翻译。刚刚工作没多久，就被打成"右派"，下放劳动。在农村，他常常肩上挑着粪担子，手里拿着书，边走边背单词。后来，他的三个儿子也和他一样每天出工、收工。多年之后，我才真正理解王家宜老师给我们上第一节课时痛哭失声的悲恸——并非缘于学生的打闹和捣蛋，而是面对我们，他想起了自己的青春时光和人生际遇：一个风华正茂的有为青年，在农村的艰苦劳动中度过了自己一生中最宝贵的青春年华！他对年少懵懂的我们不知道珍惜宝贵的学习时光而深深痛惜！

对王家宜老师刮目相看，是因一次全县英语教师到崇庆中学举行英语示范课。那天，当我们走进学校，看到陆陆续续来了很多外校的老师，有点像电影《瓦尔特保卫萨拉热窝》中，游击队队员们在一天夜里默默向市政广场聚拢的肃穆场面。这时，学校的高音喇叭里响起了王家宜老师用英语致全县各中学英语老师们的欢迎词。我当时还听不懂王老师在广播里说的是什么，只感受到英语的韵律美。我听见旁边两个其他学校

1957年，王家宜老师摄于北京中国照相馆，当年有许多国家领导人也曾在这里留影。青年时代的他风华正茂，英俊潇洒

的老师的对话，一个说，"这是谁讲的英语啊，真是太美了！"另一个说，"可不是，是哪里的播音员吧！"

平常上英语课，我们学到的不过是一些简单的句子，我还是第一次听到王老师那熟悉的声音讲出整段流利的英语，我不禁感叹："英语原来可以这样优美！"从这次王家宜老师的英语广播致辞中，我真正体会到了英语的优美，并由此影响了我的一生——我不再是刻板地为了学习而学习，而是发自内心地想要体会一种甚至多种优美的语言，急切地想要掌握它，也许这是我在学习上从自发到自觉的转变吧。后来，我学习并掌握德语、法语、意大利语，皆源于此。

王家宜老师上课总是能够深入浅出，用简单的语句阐释深奥的语言现象，我能真切地感受到他对学生的耐心和诚挚：他曾被下放到农村从事繁重的体力劳动，切身体会到失去大量宝贵学习时间的痛苦，他把自己对人生的遗憾、对生命的热爱、对知识的追求寄托在了学生们的身上，他是多么希望将自己的毕生所学，

包括自己对生活、对人生的领悟，毫无保留地悉心传授给学生们啊！直到今天，我都还记得王老师在课堂上曾对我们说："如果你们能够每天抓紧时间背 20 个单词，我保证你们在大学毕业的时候，能够比你们的同龄人高出一大截。"可惜对我而言，每天背 20 个单词实在是太难了，这是我心里一直觉得愧对恩师教诲的一件事情，以致后来我大学毕业后，每年回崇州去看望他，总担心他会问起我关于每天背 20 个单词的事……

2004 年 2 月，王家宜老师唯一在世的长辈"三婶"在北京去世。老师来信嘱托我代他去王府井"黄图岗"胡同，看望他在故乡仅有的堂妹、堂弟，言辞中似有交代后事的语气。我当即拿着老师随信寄来的在一张纸上凭记忆画出的地图，真的找到了那条胡同，走进了老师家的小四合院，见到了他在故乡仅有的亲人。没想到，几天之后，老师竟告别人世，驾鹤西去。

我们班的石敏同学操持了王老师的葬礼，并代我们几个同学将大家捐来的一部分钱，为他购置了墓地。我一生挚爱、敬重的恩师，我再也见不到他了。

三

在崇庆中学的同学中，李果如今是比较引人瞩目的一位，当年的他却一身土布衣服，是一个敦敦实实的黑小子，毫不起眼。初中阶段，他是一个极普通的学生。他妈妈经常对我和张弋说，"李果成绩不好，你们要多帮助他"。那时，李果家住在县委大院里（当时我不知道县委和县政府有什么区别，在我看来都是做官的），算是干部子弟。一般周六晚上我们去叫他一起出去玩时，常听到他爸爸、妈妈叫他："大果，回来吃饭了！"他叫"大果"，他弟弟叫"二果"。"大果"按照我的理解不就是"大苹果"吗？长大之后我琢磨，"大果""二果"的名字大概缘于李果的父母都是植物学方面的专家。到高中毕业，我才知道他还有个叫"小芳"的妹妹，我却始终没有见到过。李果胆子很小，很怕他父母，尤其是母亲。我去找李果，通常是站在院子里等，很少跨进他家的房门。

在学习上，李果不算聪明，尤其是数学、物理题，他要想弄清楚是不容易的。在学校，他总是抱着书本，一副很认真、很努力的样子，但学习成绩一直不理想。他能吃苦、有毅力。在每年的全校运动会上，60 米、100 米、200 米、400 米短跑冠军常常被班上的谢涛、孙永刚、张弋、胡云这几个无敌将军囊括，而800 米、1500 米、3000 米、5000 米的中长跑要想拿名次，得靠辛苦付出才能换来。李果不仅坚持了下来，而且还拿到过 800 米、1500 米的冠军。张弋老是和我说，李果属于"勤能补拙"型。高中二年级分文理科，李果很自然地被分到了文科班，从那时起，他好像忽然"开窍"了，学习成绩突飞猛进，很快以惊人的速度窜到了文科班前一二名，并一直保持到毕业，最终以崇庆中学当年高考文科第一的成绩考入北京大学。

我一直比较害羞，对女同学的了解远逊于男同学，而对石敏是个例外。她曾对我说，"我们算是青梅竹马的同学"。我一直以为，从幼儿园起才能算"青梅竹马"。那时我上学、放学都要经过小东街，常常看到东风路小学出来的学生队伍中有一个很漂亮的女生，那时候不知道她的名字。在那么多女孩当中，她显得与众不同。除了小女生的清爽、健康之外，她还有一些活泼和可爱。直到进入崇庆中学，我与她分到同一个班里，我才近距离地观察到她的与众不同。

石敏的活泼是与生俱来的。在崇庆中学那样一个学习第一、要求严格的教学氛围中，她是第一个敢于哼着歌儿走在校园里，把歌声带进教室，全然不理会小男生们目瞪口呆的快乐女孩。那时候，她就能唱《妹妹找哥泪花流》《九九艳阳天》一类动人的歌曲，虽然我并不全懂，但优美的旋律和她柔美的声线是颇为感人的。她是当时我班女同学中第一个恐怕也是唯一的喜欢用"美声"吟唱诸如《五月的鲜花》这类歌曲的人。很自然，她成为我们班的文娱委员，深得黄苾老师和我们大家的喜爱。

　　石敏的漂亮也是与生俱来的——略钩的鼻子，微曲的头发，有一种西亚风情的婆娑曼妙，真有几分妩媚。当她背着绿色军用书包、穿着红色夹克昂首走来时，我们这帮男生都有些不知所措地向她行注目礼。大家的注目使她更有了一种鹤立鸡群的感觉，那是想装都装不出来的。

　　除了活泼、漂亮，石敏给我印象最深的是她的坚韧和侠义。她是一个南方女孩，从小就有明确的兴趣爱好：文娱。当年，她唱的意大利民歌《我的太阳》，常把班上拘谨、羞怯的小男生唱到面红耳热，她的热情感染着班上的每一位同学。她的二伯父石著龙是燕京大学教授，她常说自己决心要像她二伯一样满腹经纶。她从小博览群书，她看的课外书老师一般不会收缴的。学习上，石敏有明确的目标，她很辛苦地、一个一个地追赶着比她成绩好的女同学，包括李英啦，喜雪啦，晓秋啦。尽管她的成绩不算很优秀，但她始终没掉队，总是很刻苦、很努力。王家宜、成铭等老师都非常喜欢她。从四川大学中文系毕业之后，石敏创办了自己的公司，拖着病弱的身体拜访专家、客户并做出卓然的成绩，这与她青少年时期养成的不达目的绝不言败的执着精神有很大的关系。

　　石敏为人侠义，同学、朋友有了困难，她常常冲在最前面，给予最大的帮助。在成都工作的同学中她第一个买汽车，每次有同学到成都，都是她开车迎来送往，带我们去美餐一顿，或是直接送我们回崇州看望父母。有时候实在是公务缠身，她甚至干脆把车给我们，我们愿意开到哪里就开到哪里。如果有时间，她一定要来"陪同"，这让我很感动。

工作之后的石敏（左）和熊伟（右）看望黄苾老师（中）

【作者简介】熊伟，男，1966年2月出生，四川崇州人。崇庆中学初1981届、高1983届学生。现任弗戈博达媒体集团（中国）董事、新光传媒董事总经理。1987年毕业于南京理工大学计算机软件专业，工学学士。1997年毕业于中国人民大学新闻学院，法学硕士。高级工程师，曾任首届"中国期刊奖"科技期刊专家评审组成员、中国科技期刊编辑学会理事，《微电脑世界》杂志社主编。1999年加入德国弗戈博达媒体集团，主持创办《数码摄影》《e-制造》《e医疗》等刊物。2004年创办北京新光传媒，致力于分辑读物（Partworks）的引进和本土化再造。主持编纂的大型百科全书进入"十二五""十三五"国家重点图书及全国科普图书Top 100。

注：

①李果：1987年北京大学经济系毕业之后，考入中国社科院攻读硕士，1999年在美国斯坦福大学获得博士学位，进入世界银行从事农业经济研究和投资，现任世界银行华盛顿总部高级经济学家。曾在东亚、南亚和非洲等近40个国家和地区从事农业农村发展项目投资和政策咨询工作。兼任清华大学中国农村研究院学术委员以及"中国消除贫困奖"评审委员。2003年，美国农经学会授予他"年度杰出研究发现奖"，他对中国的农业、农村经济发展和政策有深入的研究。

②张弋：1987年重庆大学毕业后进入金堂县的四川锅炉厂，曾任工艺处工程师、七分厂厂长，率先改制并引领改制后的分厂进入中石油、中石化、中海油等大型国有企业环保改造的供应商行列，目前主要与北京化工大学合作推进包括石油行业、军工行业在内的大型企业环保改造。

③石敏：1987年四川大学中文系毕业后，成为四川省广播电视厅职业记者，随后创办自己的广告传媒公司，并加入全球WorkFace创业者社群，成为成都地区的召集人。在海峡两岸及跨地域的协作中致力于在新的社会和技术环境下，对年轻创业者进行培育和辅导。

锦瑟年华

王 宏

红梅燃烧在枝头，争先报春；海棠紧随其后，开出簇簇红云；挺拔白玉兰，丰润隽秀。校园春来早，一片姹紫嫣红，令我想起了 20 世纪 80 年代县城小东街崇庆中学（简称崇一中）的老校园。崇一中操场旁黄色教学楼后面的苗圃里，有校工精心培育的各色花卉——春天，玫瑰开满了园子，粉红、绛红、黑红，品种齐全，花香四溢；秋来，办公楼前的甬道上，各色菊花争奇斗艳，如龙爪、如绿玉，盛大的菊展是师生的节日，人潮涌动，赞叹不绝；雪花纷飞时，丛丛腊梅吐蕊，老树虬枝间，暗香浮动，沁人心脾。古老的银杏与苍劲的松柏比高，土墙根下槐树枝头挂着串串白花。这是我四季花开不断的母校，在这里我度过了豆蔻年华，走过了花季雨季，走向深远的世界。

憧憬·圆梦

"看见那几棵很高的树没有？"

"看见了！"

"那就是崇一中！"母亲骑车带着我，行在高高的环城路上。隔着水田和人家，我望见一截矮矮的围墙内，树盖如云。

"你要争取考上一中，那是崇庆县最好的学校！"母亲蹬着车，说话的热气吹到我头发上。

"好！"那时我几岁呢？记忆模糊了，但我对这段对话却如此清晰，"崇一中"从此在心中扎下了根。

年岁稍长，母亲常边织毛衣，边和我絮絮叨叨——

"我们校长张万干先生，儒雅博学，风度翩翩……"母亲是崇一中初65级学生，提起校长，无比自豪。

"今天一中教音乐的郭本荣老师来党校上课啦，虽然年事已高，但他的声音还是那么浑厚，中气太足了！"

"班主任，教物理的陈昌兰老师，轻言细语，多么爱学生啊，那时夏天午休，同桌同学一人睡长桌，一人睡长凳。一天，我睡桌上，上课了都没醒，同学要推醒我，被老师制止了。老师说，她太累了，让她多睡会儿！而我整整睡了一节课！"母亲泪眼蒙眬。当年，母亲受养母苦待，每天上学前要打好猪草，放学后要做家务至深夜。陈老师多次去家访，还组织同学去帮她干活。母亲能勉强读完初中，离不开陈老师的悉心帮助。多年以后，母亲常牵着我的小手去看望陈老师，陈奶奶看我的眼神无比慈祥，她还为我做过一条军绿色的长裤。

在母亲艰难的求学生活中，是陈老师为她点燃了寒夜的篝火，让她有勇气不惧风雨，直面人生。师生结缘，情牵一生……

我听着，感动着，向往着。

1982年4月，小学五年级下期，传来崇一中的招生信息：每个乡选拔出来的学生要到一中参加笔试和体育测试（相当于现在的自主招生考试），体育测试考查仰卧起坐、短跑、爬竿三项。母亲说，你看吧，一中就是不一样，重视学生的全面发展。

为了应对笔试，我潜入全国各地小升初模拟考试的题海，不知疲倦。短跑、仰卧起坐是我的强项，爬竿需要训练，母亲所在学校的教师宿舍后面悬了一根竹竿，每日饭后我就去攀援，竹节磨破了脚背。

大约6月初考试。我第一次走进一中校园，既紧张又兴奋。考场里两位神情温和的老师监考，其中一人面容清瘦，颇有书卷气，看我紧张，对我温和一笑（后来得知是岑铭老师）。数学考题比起模拟题难了许多，硬着头皮做完。作文题目是"在崇庆中学的考场里"，这倒没难住我，回顾过去，展望未来，写得洋洋洒洒。在无限忐忑的期待中，传来佳音：我以语文、数学各七十多分，班级第十名（两个班）的成绩进入了崇庆中学初85级1班，幸甚！

我终于戴上了崇庆中学白底红字的校徽，走在大街小巷，引来多少瞩目！

师德·师恩

一个好校长是一所学校的灵魂。20世纪80年代，王才秀先生担任崇庆中学校长期间，治校有方，教学质量在温江地区、成都市名列前茅，首批进入四川省重点中学行列，谱写了崇庆中学的辉煌篇章。当年，成都城区名校（包括如今的四、七、九中）还慕名到我校观摩听课。王校长非常重视师资队伍建设，四处延揽人才，不

1988年6月，作者（前排左四）所在的崇庆中学高88届3班毕业留影。第二排左二起的教师分别为赵蜀平、杨念、季选民、李翠祥、陈天义、周润清、田怀尧、张青元、王嘉兴

少老师因其出类拔萃的教学能力被"挖"来。1982年，为了加强省重点中学师资力量，省教育厅分配了一批成都籍的优秀毕业生到崇庆中学任教。因为各种原因，他们未按时报到，王校长亲自到成都做工作，一一拜访，他的诚意终于打动了这些英才。王校长身材略胖，笑容可掬。那时，我们常在小东街碰到他，他会弯下腰，询问我们的学习、生活情况，请我们给学校提意见。在英才云集的学校，我并不突出，但二十年后再见到王校长，他还

能一口叫出我的名字。

一中的老师学识渊博，才华横溢，魅力十足。

当年教过母亲音乐课的郭本荣老师当时已临近退休，头发花白，戴着厚厚的眼镜，声音依然那么浑厚。他耐心地教我们识五线谱，那些在线上线下活泼跳跃的"小蝌蚪"，为我们开启了音乐艺术的大门。他不仅教我们古典音乐常识，而且还关注当代音乐。电影《少林寺》刚一播出，他就教我们唱起了主题曲。他弹奏的《北国之春》，非常优美，令人如痴如醉。他从当时的流行音乐作品《月光下的凤尾竹》《在希望的田野上》讲到著名音乐家施光南及其经典作品《祝酒歌》《吐鲁番的葡萄熟了》《打起手鼓唱起歌》等，如数家珍。那时，我们第一次听到年轻的彭丽媛嘹亮的歌声，郭老师说："声音宛转清亮，气息平稳，台风稳健大气，乐坛新星必将冉冉升起。"郭老师真有眼光啊！他还兼授美术，现场创作素描、水彩、水粉画，他的画作引起我们阵阵惊叹！

生物老师周光煦那时刚从大学毕业，他一进教室就喊："王宏，领唱一首《北国之春》吧！"为了让我们了解小动物的生理结构，周老师买了十几只小白兔，分给各个小组饲养。春阳洒在柑橘林，十几只小兔在草坪上蹦蹦跳跳，我们的欢声笑语在校园回荡。小兔养大了，老师说，解剖吧！女生们都红了眼眶，我们组的姚军更是泪流满面，不肯交出兔子。生物课上，周老师教我们第一次用显微镜探究了洋葱的奥妙；让我们亲手解剖了鲫鱼、兔子，激发了我们对生物学的兴趣，培养了我们的科学精神。

数学老师赵蜀平文学底蕴深厚，课堂上或引经据典，吟诗诵词；或针砭时弊，调侃现实。当时崇州有一句流行语"不存在"，老师说这三字已泛滥成灾："昨天我去小东街吃面，老板多收钱了，我问他，他说'不存在'！这里就用词不当了，多收明明是存在的，哪儿不存在呢？"大家哈哈大笑之余，也对流行语多了些思考。

我的三任班主任各有风采。袁志明老师是成都知青，教地理时，用成都话说"非洲乞力马扎罗山高耸入云，山顶白雪皑皑……"真是别有风味。袁老师戴着眼镜，镜片寒光闪闪，颇具威严，对待学生却不乏温情，犹记当我重感冒时，他送来一盒甜美的蛋糕。

张玉麟老师是中年女老师，居然抽烟！原来在"四清"运动时，她被"特殊对待"，一个人在山上的学校里，孤独苦闷中，她学会了抽烟。她家住在女生院旁边的楠木树下，我身体不好，母亲买来鸡蛋，张老师每天清晨帮我煮一枚，从不厌烦。夏天到了，张老师煮好茄子、丝瓜等蔬菜送来寝室，女孩们欢呼着红了眼眶。饱经沧桑的张老师整天笑呵呵的，生活曾薄情待她，她却回报以深情！

历史老师周润清是我们的高中班主任，上课时声如洪钟，下巴高高扬起，激情喷涌，把我们带进历史深处，探索上下五千年。他平易宽容，重视引导学生的学习方法。他常说我们班是"散文——形散而神不散"，倡导民主平等的班级管理，让我们获得了极大的思想自由。他不媚上、不盲从，有独立的思想和个性，在他的身上，我们学到了很多，看到了什么是知识分子的风骨！在物欲的世界，我没有迷失自己，淡泊名利，始终追求精神的洁净，应该感谢润清先生的熏陶。

我的三个语文老师对我影响颇深。钟涛老师当时刚从西南师大毕业，是王校长三顾茅庐请来的才女。课堂上，她滔滔不绝，古文功底尤其深厚。我有幸当语文课代表，在她的鼓励、引导下，爱上了文学。教完初三，她考研离开了，现在是中国传媒大学中国古典文学博士生导师。

2019年5月4日，崇庆中学百年校庆，本文作者王宏（中）与2009届学生合影

后来，我义无反顾地填报了西南师

大中文系,就是为了追随恩师的足迹(2000年8月,我从西昌二中调回母校崇庆中学任教)。杨志荣老师身体不好,一激动就会咳喘。他学养颇深,"文章合为时而著,歌诗合为事而作""观文者披文以入情",他将我们引入了幽深的文学欣赏之路。王嘉兴老师讲课激情澎湃,纵横捭阖。他最推崇鲁迅,对妄图借骂鲁迅出名的行为,大加鞭挞。还记得他说到鲁迅的名言"红肿之处,艳若桃花;溃烂之时,美如乳酪"时,摇头晃脑的神情。王老师颇爱京剧,是京剧票友,举手投足之间自有一种风度。那时没有投影仪,评讲作文时,他用毛笔一笔笔誊写范文给我们学习,相当敬业,他在教学中总结的"导读练评改"五字箴言很管用。1988年,他获得"四川省特级教师"称号,实至名归。

还记得被称为"活地图"的特级教师季选民(也是母亲的老师)上课时,后排坐满了慕名而来的成都同行;李翠祥老师上课从不带书,抱着膝盖对世界历史侃侃而谈;王姝老师穿着军大衣撞门而入,英姿飒爽,一支舞蹈《渔光曲》,惊艳了时光;代剑老师身穿军绿上衣,下着牛仔裤,一手斜插裤兜,一手举着粉笔,潇洒地说"人不能两次踏进同一条河流",把我们带入了哲学的殿堂。治学严谨的姚世鹏老师,耐心传授的陈天义老师,气质优雅的邓硕义老师,高雅如白天鹅般的赵文英老师,英语发音清脆得像栀子花一样清新、圆润的袁丽琼老师……

高尚师德,润物无声;优良学风,薪火相传。恩师们以渊博的知识、兢兢业业的职业操守、乐观坚定的人格魅力、无私奉献的高尚品德,滋养、启迪、激励、化育着崇庆中学的莘莘学子,培养出一代代优秀人才……

校园剪影

当时,崇一中的条件十分简陋。女生宿舍是两排相对的平房,每间住16人,木制床。中间一个大院坝,牵了些铁丝晾衣服。邻近教师进修校的院墙边有一溜水龙头,女生们的日常盥洗都在这里，异常拥挤。到了晚上，值周老师举着大电筒照射一圈，然后高声喊道："睡啦！别讲话啦！"把大铁门一关，落锁，大院归于寂静。男生宿舍是一栋二层小楼，后来住不下，初一、初二的男生就搬到学校院墙旁的一排旧房里，断壁残垣，杂草丛生。当时李连杰主演的电影《少林寺》火遍大江南北，男生们一下课就唱"少林少林，有多少英雄豪杰都来把你敬仰……"这个破败的男生宿舍被戏称为"少林寺"。

食堂不提供餐具，需自带；没有凳子，都站着吃饭。最初实行桌餐制，每班住校生分成若干桌，就餐时桌长拿着铁号牌去窗口排队，用大盆盛来每桌定餐。每两周周五晚餐吃一次回锅肉，我刚入学时，每人每月餐费是9元，后来涨至11元。1985年后，取消了定餐制，实行食堂制，学生自己去后勤买饭菜票，根据需求进餐，算是学校比较大的改革，我们兴奋了好一阵。夏天，食堂的凉面最抢手，那个麻辣鲜香啊，一辈子都忘不了！

不论春夏秋冬，住校生每天6点钟起床，通宿生也必须6点半赶到学校一起出早操。冬天就跑街（称"越野跑"），从校门右拐，经小东街、大东街、南街、文庙街返回。在寒气凛凛的清晨，一队队中学生嘹亮的口号声打破了小城的宁静，整齐有力的脚步踏出了富有激情的青春旋律！

后来，从成都体院来实习的老师说："你们每天这么早出操，晚上还要自习，太辛苦啦！"我们一脸不屑："辛苦吗？不辛苦啊！求学不就该这样吗？"

尽管住宿条件简陋，口腹之欲难以满足，出操出勤辛苦，但在少年的心里，一切都那么微不足道，校园生活的磨砺与滋养，让激荡、奔涌的青春闪耀着更加夺目的光华！

校园里最动人的风景是那些在僻静的角落里默默攻读的身影。草坪上、花园里、图书馆后的台阶上、围墙的角落、甚至深夜的宿舍厕所里，哪儿安静，哪儿就有埋头苦读的学生，他们深深地激励着我。当我第一次抵抗住贪玩的念头，拨开邻近武警中队的矮墙边杂草丛生的荆棘，想要寻找一方宁静之地时，我惊呆了，墙边已然没有空地，或坐，或靠，或沉思，或演算等，五六个学生各霸一方，正沉浸在自己的世界中。夕阳的余晖，勾勒出雕塑般的剪影。这儿野草疯长，墙垣坍圮，但是，这些对知识充满渴望的青春身影，照亮了世界的荒凉！

风声雨声读书声，声声入耳；家事国事天下事，事事关心。办公楼楼侧有一条通往教师宿舍和男生寝室的水泥路，高大的水杉如卫兵排列两旁，花园一侧排了一溜报刊架，《成都晚报》《光明日报》《文汇报》《参考消息》等，种类齐全。一到午休、晚休时段，报架前人头攒动，里三层外三层，都伸长脖子，踮着脚，寻找今天有什么新闻，昨天的连载到哪儿啦，副刊"文艺版"颇有意趣的小诗……在食堂打了饭，端着碗看报的师生是一道独特的风景，各种菜味儿弥漫混合，专注得瞪大了双眼的，舀了半勺停在空中的，鼓着腮帮忘了咀嚼的……饭菜凉了，思想饱了，果腹的同时品了精神大餐，真是有滋有味。

那时，我最爱看《参考消息》，国内、国际风云也是课间讨论最热烈的内容。今天的我在繁重的教学任务和琐碎生活之余，仍能抬眼看看世界，看看远方，应该感谢这个报架。

虽囿于西南腹地逼仄的校园，但这些报刊却打开了学子们通往世界的窗口，思接千载，视通万里，拓展了思想境界和格局，对缤纷世界有了独立的思考，对生活有了深刻的观照，由此展开了气象万千的人生。

当校园里腊梅暗香浮动时，从全国各大学飞来的信件贴满了橱窗。这是每年考入高校，风华正茂、豪情满怀的师兄师姐写给学弟学妹的信。他们抒写对故园的思念，描绘丰富多彩的大学生活，树立更高更远的人生目标。远方飞鸿捎来的消息，使一所所大学由抽象的名字变得有温度、有风光，美好的未来图景深深激励着一代代的追梦少年，努力学习，奋发图强！

崇一中学风优良，学生学习刻苦但不死板，这得益于学校先进的育人理念。当其他学校为保升学率疯狂补课时，崇一中一切照常，从容不迫。当不纳入中考的生物、地理、历史课被其他学校视为"豆芽科"时，我们仍在孜孜探究。图书馆每天下午开放，周六晚上也灯火通明，方便留校生阅读。

崇一中的课外实践活动丰富多彩。篮球、排球、足球比赛，场上生龙活虎，场外喝彩连天。元旦晚会，师生同台，陶素华老师的歌喉，王姝老师的舞蹈，精彩纷呈。篝火晚会、歌咏比赛、演讲比赛，如火如荼。南门农场种植的甘蔗收获了，冬天分白糖，无比开心。学校邀请电影《张露萍》主创人员到校做报告，让我们第一次见识了明星演员；组织学生骑游白塔湖，开展联欢；去乌尤村参观农村新面貌；走进元通民营企业，参观万元户的别墅，让我们打开视野，了解书本外的广阔世界……

1986 年，全校学生在大食堂收看中国女排取得"五连冠"的电视直播。赛场上"铁榔头"进攻凌厉，荧屏外我们紧张呐喊。胜利的那一刻，全场沸腾，我们拥抱、流泪，女排的拼搏精神令我们热血沸腾，民族自豪感在胸中激荡。

凡有益于学生增长见识，有益于思想教育的新片上映，学校都会组织全校学生去影院或在学校（露天）观看，获奖影片更是一个都不少。观影后，语文组老师及时组织影评活动。张艺谋导演的《红高粱》获得第 38 届西柏林电影节金熊奖，引起轰动。6 月该片到小城上映时，学校立刻组织全校师生去观看。现在想来，很佩服校领导的眼界和魄力——当时距高考只有一个月，高三的学生正在紧张备考，影片中有些少儿不宜的镜头，那个年代，似乎家长都不会带孩子去看。但校领导不仅组织我们去看了这部电影，还组织学生写了很多有分量的影评。这年高考，崇一中高 1988 届学生取得了骄人的成绩：234 人参考，一次性上大专线 139 人、中专线 34 人，上线率达 73.9%。刘焰同学以总分 530 分文科第一名的成绩考入青年政治学院（当年文科大专线为 460 分，理科大专线为 480 分）；何恕文同学以总分 608 分（满分 640 分）理科第一名的成绩考入北京大学。从 1980 届的杨军同学考入清华大学至 1988 届的何恕文同学考入北京大学，崇一中每一届都有学生考入清华或北大，不到十年，共有 13 名同学考入清华大学、北京大学。可以说，20 世纪 80 年代，崇庆中学的教学水平在川西平原名列前茅。

一年一度的元旦作文竞赛是校园的文学盛典，每班推举三人参加。一周后，贴在办公楼前橱窗里的获奖作品前，人头攒动，争相观摩。这些见解独特、构思精巧、文采飞扬的佳作令人齿颊留香，启迪了多少人的文学梦。我曾参加几次作文竞赛，有幸获得过一等奖。后来选择就读西南师大中文系，也和这段经历息息相关。

这才是真正的素质教育！丰富多彩的校园活动，不仅活跃了校园气氛，更拓宽了学生的视野，培养了多方面的能力，体现了尊重学生个体差异、促进全面发展的科学育人理念。学生们走向社会后，大多在各自领域脱颖而出，各领风骚。

苍劲的楠木挺立苍穹，如盖的银杏枝叶婆娑。光阴流转，逝者如斯。百年风雨百年历练，百年沉浮百年荣光。祝愿百年老校崇庆中学人才辈出，代代芳华！

往事回眸

我与老红军的珍贵合影

陈新民

　　1959 年国庆节前夕，中共崇庆县委、县人民委员会（县政府），在县人民委员会会议室组织召开了一次老红军座谈会。当时正值国家三年经济困难时期，农村因饥荒造成的水肿病十分普遍，县委、县人民委员会主要领导都下乡驻点、跑片，抓生产、抓生活去了，县人民委员会留下县委委员、副县长梅淑芳主持工作①。

　　记不清召开座谈会具体是哪天了，照片上也没有留下具体时间，但是看到这张发黄的旧照片，我还能清晰地记起当时主持会议的是梅淑芳副县长，参加会议的有：老红军徐正刚，江油人，时任县糖业烟酒公司副经理；老红军戴春山，三江人，落户在大划人民公社务农；老红军任子田，怀远人，当时在怀远人民公社务农；老红军贾清山，胜利人（今观胜镇），当时在胜利人民公社务农。参加座谈会的还有县委常委、县人民武装部部长沈江，当时他代表武装部参加座谈会。20 世纪 60 年代初，他调到温江军分区工作后，到崇庆县出差时才听他讲起，他也被确定为红军。县委办公室、县委宣传部、县委组织部、县民政科等相关部门的负责同志和有关工作人员也列席座谈会。会上，梅县长说，新中国成立十周年的国庆节快到了，在这个重大节日来临之前召开这个座谈会，我代表县委、县人民委员会向老红军表示真切的慰问。老红军们也对党和政府的关怀表示感谢。当时，正值国家三年经济困难时期，开会时每人只有一杯清茶，给每位在乡务农的老红军发了一些补助油粮票（具体数目记不清了）。

散会后，梅县长组织大家在县长办公室门前留下了这张珍贵的合影：站在前排中间的是徐正刚，第二排右边第二个是戴春山，第二排左边第二个包白头巾的是任子田，站在第二排中间的是贾清山，前排右边第三个女同志是梅淑芳，前排左边第二位是沈江。

1959 年笔者与老红军的合影

合影后大家在政府食堂吃了一顿便餐。随着岁月的流逝，时光已走过六十个春夏秋冬，照片上所有的老红军都已离开人世，其他人员绝大多数也相继亡故，只有笔者（后排右一，当时在县委宣传部担任《崇庆报》的编采工作）和县民政科的科员张世芬（女，前排右二）幸存在世，都是八十多岁的老人了。张世芬同志当时是县民政科分管优抚的科员，几年前患病，长年住在市养老中心，所幸笔者尚能大概记住这段往事。

我参加过《崇庆县志》（1911—1985）的编写和总撰工作，《崇庆县志》第十一篇"民政"第四章第二节"回乡老红军"（第252页）中有如下记载：

新中国成立后，县内有戴春山、任子田、贾清山三位老红军回乡。1950年，戴、任回乡，给予特别资助，县里给戴、任发给一定量的大米进行安置。戴回乡后曾任大划乡第一任党小组组长，1972年病故。任回乡后任怀远敬老院院长，1981年病故。贾清山于1947年到山西阳城县安家，1956年迁回原籍崇庆胜利乡，曾任该乡党委委员、敬老院院长，1984年病故。三位老红军回乡后，政府按规定发给优待金、残废抚恤金和各种补助。从1979年4月起，每月补助任子田40元，贾清山35元，粮、油按国家干部标准供应，生病时给护理人员以补助。每年春节和建军节，县、乡干部携带礼品前往慰问。每位逝世后都由县人民政府主持追悼会。

可见，党和政府一直很关心老红军的生活。我仔细查阅1985年版的《崇庆县志》和《崇州市志》（1986—2000）"人物篇"，都没有徐正刚和沈江二位同志的记载。在2002年10月由方志出版社出版的《崇州商贸志》上查到徐正刚同志的一些基本情况：

徐正刚（1906—1971），四川省江油县（今江油市）阳亭人。1934年2月参加红军，随红四方面军25师73团3营7连转战丹巴，曾参加过二万五千里长征。1950年6月—1965年4月，先后担任彭山县、双流县、崇庆县盐业公司经理，崇庆县糖业烟酒公司副经理，党支部副书记等职务。1965年4月退休，1971年因病去世。他一生克己奉公、平易近人，对子女严格要求……

我建议崇州以后续写市志应当将徐正刚、沈江二位同志的情况补充记载。

这是我非常珍惜，也是一张值得收藏和追忆的老照片，我们应该让后人知道，崇州曾经有五位身经百战、出生入死，为新中国的建立做出过重大贡献的老红军，他们是崇州历史长河中的闪光点，也是崇州的荣誉和骄傲。新中国成立后，他们甘于淡泊、默默奉献的精神值得后人景仰，他们的英名永远值得我们尊敬和追忆。

注：

①据《崇庆县志》（1911—1985）记载：梅淑芳，四川温江人，1960年1月—1963年1月任崇庆县副县长。但我清楚地记得，当时主持老红军迎国庆座谈会的是梅淑芳，大家都叫她"梅县长"。估计是当时同时任职的还有其他同志，而她是1959年国庆前先到位工作，1960年1月才与其他同志一起接到的任职通知。

崇大新游击支队的小英雄

黄德望 口述　李远鹏 采访整理

　　位于崇州市西南境的燎原乡，曾经一度叫作"安顺乡"。1980 年，在全国地名普查中，为纪念中共地下党曾在此建立崇庆县（今崇州市）第一个地下党支部，进行革命活动，复名"燎原乡"，取"星火燎原"之意。

　　在燎原乡文化站内，有个"安顺地下党史料馆"，馆内陈设了安顺地下党的相关文献资料。作为燎原乡文化站管家，62 岁的黄德望老人在每个工作日开门的第一件事就是去史料馆看看。看护这个史料馆，对于他来说，不仅仅是一份责任，还有一份剪不断的红色情结。他出生的黄家大院，就是安顺地

2019 年 6 月 4 日，本文作者采访黄德望，他向笔者讲起了自己的父亲

下党以及崇大新游击支队曾经活动的地方；而他的父亲黄能常，当年是崇大新游击支队安顺区队的游击小战士。

　　2019 年 6 月 4 日，艳阳高照。在燎原乡安顺地下党史料馆内，黄德望向笔者讲述了他父亲的故事。

播下革命火种

1934年6月，黄能常出生于安顺黄家大院（今燎原乡安顺社区8组），家庭殷实，是附近数一数二的大户人家。

1948年10月，在黄能常14岁那年，黄家大院来了一位神秘的客人。当时，父辈说是来教他们文化的家庭教师。其实这位教师，名叫李维嘉，真正的身份是中共重庆市委常委、宣传部部长、川西南人民武装工作委员会委员。

当时的川康边地区包括今天的大邑县、邛崃市、蒲江县、名山县、雅安市、成都市温江区、崇州市、新津县、成都市郫都区、都江堰市以及仁寿、简阳等地，属于邛崃山脉及其边缘地区。中国共产党从20年代末30年代初就在这一带建立党组织，开展地下活动，在邛崃、蒲江、大邑地区曾组织"上川南抗捐军"，进行了轰轰烈烈的武装斗争。解放战争初期，处于地下的中共川康特委、雅（安）乐（山）工委和后来的川西边临时工作委员会加强了这一地区的领导工作，并得到中共成都市委和川大党组织的支持，先后派遣共产党员、外围组织成员、学运骨干和革命青年百余人充实了干部队伍，积极开展工作，不断壮大地下武装力量。

1948年10月，由于中共地下党重庆市委组织遭到敌人破坏，李维嘉被秘密转移到安顺黄家大院黄能常的大爸黄建湖家中隐蔽，对外身份是黄家的家庭教师。直到1949年1月，因川康特委书记蒲华辅被捕叛变，国民党特务对李维嘉实施抓捕，得到消息的黄建湖等人冒着危险护送李维嘉转移出黄家大院。

在黄家大院居住期间，李维嘉对黄建治（黄能常的三爸）、黄素媛（黄能常的小姑）、王兰芳、肖伍瑛等人进行了潜移默化的革命教育。

14岁的黄能常，便在和这些后来成为崇大新游击队队员们的频繁接触中，不知不觉在心中播下了革命的火种。

游击队中的小通讯员

1949年6月，鉴于肖汝霖、朱英汉相继牺牲，雅乐工委书记陈俊卿、副书记吕英先后被捕等形势，川西南武工委党支部副书记李维嘉及其主要成员李安澜、周鼎文等和雅乐工委委员邹玉琳在成都外西研究决定，把川西南武工委党支部和雅乐工委领导的仁寿等地的党组织合并，组成"中共川西边临时工作委员会"（也称"川康边临时工作委员会"）；把川西南人民武工队与仁寿地下武装合并，改称"川西边人民游击纵队"，接着又改为"川康边人民游击纵队"（均经西康特委追认），由肖绍成任司令员，李维嘉任政委，周鼎文任副司令员兼参谋长，李安澜任副政委兼政治部主任。

1949年11月22日，川康边人民游击纵队崇大新支队由崇庆、大邑、新津、邛崃、蒲江、彭山交界地区的地下农民武装组编而成，并公开打出旗号，队部设在安顺场。崇庆县建立一个区队，叫"安顺区队"，区队长由黄能常的三爸黄建治担任，段贵纲任政治指导员。安顺区队下属安顺、隆兴、牛皮、中和和董场5个大队。

安顺区队成立后不久，就在崇庆、大邑等地，配合解放军作战9次，先后俘虏敌官兵百余人，缴获炮3门，轻机枪、步枪、冲锋枪150余支；游击队队员牺牲1人，受伤2人。

当时，黄能常就成了区队的小游击队员。由于他年龄较小，且聪明伶俐，与安顺区队5个大队的负责人也比较熟悉，于是便承担了通讯员的任务，常常奔走在安顺、隆兴、牛皮（今崇州市集贤乡）、中和（今崇州市榿泉镇）、董场等地，为游击队送文件、送情报。黄能常还善于拉二

青年黄能常

胡和板胡，经常参加文工队的文艺演出，深受游击队队员们的喜爱。

1950年1月2日，川康边人民游击纵队司令部发出布告，宣布撤销游击队建制，改成武装工作队，黄能常也继续留了下来。

参加剿匪斗争

1950年1月，未满16岁的黄能常刚从外面送完文件回到黄家大院，就看见崇庆县公安局领导来黄家大院找黄建治，商量安排武工队队员协助征粮的事情。他们商量完事情后，黄建治便叫黄能常陪同公安局领导去找段贵纲。谈事完毕，公安局领导说："这个小伙子聪明、机智，我很喜欢，要不就把他安排到县公安局工作？"经段贵纲同意，黄能常来到了崇庆县公安局，负责警务和看押犯人。

1950年2月11日，国民党特务和崇庆县内少数封建恶霸分子，纠合惯匪流氓及散兵游勇发动了反革命叛乱。2月14日，叛匪纠合一部分乡保人员，威胁利诱群众，共四五千人，围攻崇庆县城达三日之久。中共崇庆县委和驻军采取以军事打击和政治瓦解双管齐下的方针，加强城池防守，伺机主动出击。

黄能常带领十几个重新归队的游击队队员和警务人员，固守南门城墙至学府街一带，配合解放军与来自杨祠堂方向的攻城叛匪展开了激烈的战斗。

战斗中，面对从杨祠堂方向冲过来的十多个叛匪，黄能常十分冷静地开枪击毙了带头的一个叛匪，6名叛匪被游击队队员和解放军打死打伤，其余叛匪全部缴械被俘。2月17日，崇庆县城解围后，黄能常与战友们一起处理叛乱善后工作。

1952年，黄能常从崇庆县公安局退伍回到安顺老家，从事农业生产，一直到2016年2月去世。

记崇庆县水上运输合作社

曹明理　牟松懋

"崇庆县水上运输合作社"（以下简称水运社）又叫"县木船社"，已经逐渐淡出人们的记忆，对年纪较轻的人来说，简直是一无所知或闻所未闻了。当年曾从事水上运输的数百人，绝大多数已作古，所剩无几了，而1991年版的《崇庆县志》对水运社的记述仅70余字，十分简略。为了留住这段历史，笔者经过一年多查阅档案、收集资料、探访当时水运社的负责人和知情者，终于基本弄清了县水运社的历史和相关情况，但愿我们的努力能为崇州的交通运输史留下存一份较为齐全的资料。

2019年5月21日，本文作者曹明理（右一）、牟松懋（左一）采访原崇庆县水运社党支部书记齐培良（左二）、原工会主席高映鑫（左三）

一

崇庆县（今崇州市）的交通运输，历来有水、陆两路。民国至新中国成立初期，崇庆县的陆运不发达，大宗物资主要用木船、筏子装载，走元通到新津一段的西河水路航运。这段水路从元通起，经白马（锦江）、城关、牛皮（今集贤乡）陈家渡、复兴（今三江镇）方渡、新津县吴店子、龙王渡，在新津县武阳镇汇入大南河，全程55公里，可航行载重3吨左右的木船。以后，航线逐渐向下游延伸，经彭山、眉山到达乐山港。

当时的水上运输只运货不载客，县内既无航运管理机构，又无航运维修点，西河航运处于自然运营状态。船只全部属于私营。每次航运，由船家自发组织50只船左右成群结队地航行，如遇航道阻塞或滩险水急、航行艰难时，船工们一起下河淘浚，确保航行安全。

常言道："船载千斤，掌舵一人。"船（筏）工们的生活条件和工作条件十分艰苦，一年四季在大风大浪中搏击，要经受风霜雨雪的考验，风餐露宿，吃住都在船上，休息时间很少，干的都是力气活、技术活。那时，崇庆县到乐山近200公里的水路，单程需七天左右，顺水时比较省力，逆水上行时则需要人工拉船，这是一件异常费力的活路。特别是过滩时，船工们只穿一条短裤，赤着上身，使尽全身力气，合力才能拉着船顺利过滩。至今，老船工们还记得当年喊唱的拉纤号子：

> 足蹬石头手抓沙，为儿为女把船拉。
> 足蹬石头手抓沙，成年累月把船拉。
> 手扒岩的和尚要成仙，保佑我早点脱（离）河边。

干一行要爱一行，行船要尊重自然规律，遵守规章制度，如大风大雨不开船，水到警戒线不开船，无驾驶证照不驾船，酒后不驾船，等等。船工一年到头都在船上，因船小货多，余留空间小，常常不能舒坦地睡一个囫囵觉。他们还要学会观察天气变化：什么时间会下雨？什么情况会下大（暴）雨？什么情况水情会发生变化？等等。一见天气、风浪变化，船工就要采取相应措施，以保证船只、货物和自身的安全。要当船工首先要会水（游泳），其次要身体结实、有力气。由于对船工素质的要求高，体力消耗大，危险因素多，因此他们的待遇相应会比陆上普通工人高很多。

二

1951年，县上成立了由船工、筏工组成的船筏工会；1953年民主改革后，成立了船民协会，隶属于水上派出所管理，共有会员千余人。船民协会包括长航运输队、短航运输队、筏运队、水上木工组、渡口组和渔民组。其中，长航运输队有木船64艘，运输能力245吨，负责人是王琢成、周子成，1955年与新津船队合并，成立新津县航运公司；短航运输队只有20～30艘船，50多人，负责人是董绍清、蒲茂琪；筏运队负责人是刘正云、高青山；水上木工组、渡口组的负责人是曾玉文，1957年改由短航运输队管理；渔民组的负责人是晏培成，1955年分散作业后，自行解体。1955年4月20日，县水上派出所与城关派出所合并，水上运输队改由县政府交通科短航渡口管理所领导。

1958年，县上曾组织专人进行调研，计划开辟从怀远鹞子岩到元通的航道，结果因预算金额达几千万元，县里负担不了，只好搁浅。后来，短航运输队曾开辟元通至西江桥的客航运输业务，每日一个航班，载客30～40人，客运业务经营了一年多的时间后歇业。当年12月，筏运队从邛崃峡关调回，短航运输队和筏运队合并为运输大队，共有职工107人，遂成立国营崇庆县水陆运输公司。1958年公司有职工268人，管理干部8人，大、小船只56艘。

1962年4月，崇庆县水陆运输公司贯彻中央"调整、巩固、充实、提高"八字方针，实行体制下放，水、陆运输分家，以运输大队为基础，正式成立了"崇庆县水上运输合作社"，属于县交通局的一个下属集体所有制企业，共有职工200余人。水运社的职工大多来自崇州、大邑、新津、温江四县 18 个乡（镇），还有十多名退伍军人。1958 年，温江地区成立崇（庆）温（江）双（流）筑路指挥部，1961 年路筑好后，指挥部下放 40 多人到水运社工作。水运社的主要业务是用船将大宗粮、油、木材、竹料、石灰、石灰石、川芎、郁金等货物运出，又将外地的食盐、烧碱、砂糖、布匹、农药、芒硝、水泥、玻瓶、石油等运回。

1971 年，根据毛泽东主席"要建立海上铁路"的指示，水运社为提高运输能力，开始试制机动船。在上级物资部门的支持下，水运社购回钢材和两台 20 马力的柴油发动机，经过不懈努力，不断探索，终于自力更生地成功设计试制了一艘机动拖船。

团结1号　团结2号

崇庆县水运社 1971—1972 年自主设计试制的"团结一号"机动拖船和"团结二号"浅水拖轮船

因为该船是干部、技术员、工人"三结合"齐心研制成功的，故取名为"团结一号"。1972 年，经进一步改造，成功研制了"团结二号"浅水拖轮船，这是当时崇庆县内的第二艘浅水机驳船。该船的设计人是何浩英，施工技术人员是郑子清。至此，水上运输社共有长航船 20 只、小船 40 只，渡船 8 只，机驳船 5 只，总运力达到 310 吨，实现了机械化，大大降低了船工的劳动强度，效益也有较大的提高，机驳船主要跑新津至乐山、成都至乐山的航运。

1962 年至 1964 年，国家干部李金全任水运社党支部书记，刘海清任经理；1964 年至 1982 年，刘海清任水运社和沙灰厂党支部书记、经理；1982 年至 1996 年，先后由董玉成、齐培良任党支部书记。此时，水运社有 12 名共产党员，其中 6 名是有三四十年党龄的老党员。

水运社自从成立以来，历届领导一直严格遵守国家法律法规，照章纳税，管理比较规范，干部职工齐心，始终把生产安全放在第一位，从没有发生过翻船损货事故和船筏工人死亡事故。1966年至1976年"文化大革命"期间，水运社的领导班子顾大局、讲团结，抵制了歪风邪气，船工们坚持工作，没有受到太多干扰，也从未停航，为崇庆县的交通运输事业做出了积极贡献。

三

从20世纪60年代起，水路运输逐渐降居次要地位，到70年代以后，水路运输逐渐趋于消亡，最后全为陆路运输所取代。据有关资料记载：1952年，船只货运量达到2.1万吨，周转量达29万吨公里；1959年船只货运量达5万吨，周转量达86.5万吨公里；1969年船只货运量仅为0.93万吨，周转量为25.5万吨公里。1970年至1972年，水运社在乐山港经营机驳船货运，三年间的货运量仅为0.37万吨，周转量仅为10.95万吨公里，与1969年相比较，货运量与周转量平均净减率为7.98%。1974年，完成货运量1.1万吨，周转量30万吨公里，其中机驳船货运量0.22万吨，木船货运量0.88万吨。

1974年，由于河道水位呈逐年下降趋势，水利部门为解决农田灌溉问题，在文井江上先后修建了千功堰、三合堰、大兴堰、石头堰等水利设施。堰堤横卧河道，航道梗阻，加之气候、环境和生态的变化，文井江西河航段水位逐渐下降，木船航行愈发艰难，水运社被迫另求生路，只能在成都至乐山、新津至乐山航道上搞运输。原有木船由于载重吨位小，费工又费时，靠人工驾船越发困难。同时，随着国民经济的恢复和发展，公路、桥梁建设不断取得新成就：崇灌公路、崇怀公路、成大路等的修筑，元通工农兵大桥、怀远大桥、听江擦耳大桥、西江大桥等顺利通车，板板车、架架车、牛马畜力车、拖拉机、蹦蹦车、汽车等成为陆上交通运输的主力军。

为生存计，水运社必须转产另谋出路。1974 年，水运社自筹资金 25 万元，在南河坝自建一个"崇庆县水运灰沙砖厂"，虽然转行了，但仍保留着"水运"二字，这体现了全体职工对水运的特殊感情。为了办好砖厂，厂领导组织班子专程赴自贡、威远等地参观学习，经过不断摸索，改进工艺、流程，克服困难，终于使砖厂开工投产。该厂下设两个石灰厂：一个是三合堰对河石灰厂，有 3 座灰窑，每窑日产石灰 6 吨，主要供应农业用灰；一个是南河石灰厂，也有 3 座灰窑，每窑日产石灰 6 吨，主要供应灰砂砖厂用灰。砖厂年产灰沙砖千余万匹、石灰 7000 余吨，由于生产的灰沙砖质量好，畅销县内外，有时还供不应求。崇庆县水运灰沙砖厂为崇庆县农村泥砖草房改造，建设文明村、卫生村，提供了很好的建筑材料，为改变城乡面貌做出了贡献。

1977 年，水运社木船货运量仅为 1.125 万吨，周转量 41.260 万吨公里。转产后，水运社只保留了元通二江渡、公议赵家渡、济协洋筏渡，城关上、下南渡，集贤徐家渡、大划孙家渡等客运渡口，到 1985 年，全县的水运业务仅剩下在城关上南渡摆渡的业务，再无货运业务。

从 1955 年至 1980 年的 25 年中，水运社的办公地点曾多次变动，先后在县城的西门陈家院子、南门大桥附近、成都九眼桥和新津南河边办公。20 世纪 80 年代后，全市公路运输与水上运输相比，货运量从 21.10% 上升为 99.40%，货运周转量从 44.20% 上升到 99.98%。公路陆运完全取代了水路运输，曾经占崇庆县交通运输半壁江山的水上运输逐渐萎缩，水运社从此完成历史使命，退出了交通运输战线。

1980 年 4 月 25 日，崇庆县革命委员会批转县交通局报告，将"崇庆县水上运输合作社"更名为"四川省崇庆县水运灰沙砖厂"，并于当年 6 月成立了工会。厂长是何浩英，副厂长是贺长云，工会主席是高映鑫。时有职工 170 多人，年产灰沙砖 1200 多万匹，畅销县内外。从此，水运社便由单一的水上运输发展成为以生产灰沙砖为主的综合性企业，新建了职工宿舍楼，使过去"以船为家"，跑通宿的职工居有定所，生活条件得到了较大改善。1995 年 7 月，因沙源日渐枯竭，加之城市规划用地，将全厂 32 亩地占去了 20 多亩，灰沙砖厂再次面临转产，遂先后办起

1980 年 6 月，崇庆县水运灰沙砖厂工会成立留念

了挂毯厂，主要安置女职工；蓄电池橡胶隔板厂，主要安置男职工；还办有彩砖厂、药芯焊丝材厂等。1997 年下半年，因市场不景气等多种原因，各厂实在无法维持经营，遂变卖土地、厂房、设备等，筹集资金给 200 多名职工，包括 70 多名退休人员，每个职工发放 6000～8000 元不等的一次性安置费后，宣布破产。

原水运社灰砂砖厂厂长何浩英

本文得到市档案馆、市交通局、市方志办的支持与帮助，刘海清（曾任水运社党支部书记，90 岁）、齐培良（曾任水运社党支部书记，80 岁）、何浩英（曾任灰沙砖厂厂长，80 岁）、高映鑫（曾任水运社工会主席，81 岁）等提供了珍贵的口述史料和相关照片，谨致谢意。

我干了一辈子农村医疗卫生防疫工作

柳玉坤 口述　段国治 采访整理

我叫柳玉坤，1934 年 3 月出生于崇庆县合兴乡桤泉村（今崇州市崇阳街道东泉村）。1953 年 2 月参加中国人民志愿军，曾赴朝参战。1956 年 6 月加入中国共产党，并升任卫生连上士班长。1958 年 3 月退伍回到家乡。8 月，西江乡党总支安排我到乡联合诊所负责相关工作。10 月，西江乡成立人民公社，联合诊所改建为西江公社医院，我被任命为首任院长。从此，与农村基层医疗卫生工作结下不解之缘。

2018 年 12 月，柳玉坤 (右) 与本文作者在桤木河边交谈

刚到医院时，全院只有四名老中医、一名助产士。第二年接收了一家个体药房，增加一名老中医和一名药剂员。医院设在朱氏街韩氏宗祠内，条件十分简陋，全院流动资金仅有 300 元左右。当时，医院的主要业务是治疗当地群众的常见病、多发病。后来，随着国家对农村卫生工作的重视，医院的基础设施和人员配备逐步齐全，承担了全公社的预防接种、传染病及地方病防治、公共卫生监测等基层卫生防疫工作。在以后的几十年间，我作为卫生战线的一名老兵，参与了历

年来的基层医疗卫生防疫工作，走遍了全公社的田间地头、河流小溪、林盘院坝。回首往事，当年工作中的点点滴滴，至今仍历历在目，记忆犹新。

1959 年，上级要求各公社开展性病摸底普查。那时院里的医务人员很少，几位老中医年龄大了不能下乡。我带着红专学校的几名学生（红专学校是 1958 年"大跃进"的产物，存在时间很短。其中部分学生参加县卫校卫生短训班后在医院协助工作，1961 年被精简回家），每天到各个村调查摸底，宣传卫生常识。在村助产员（即接生员，那时农村妇女生孩子都在家里生产，由助产员上门接生）的协助下，挨家挨户逐一排查，全公社查出梅毒、淋病等性病患者 108 人。当时没有治疗性病的特效药，我们用中药材配制氰粉散，由医务人员每天送到患者手中，监督服用，重症患者还配合针剂注射治疗。经过七天一个疗程的综合治疗，大多数患者病情得到控制并逐步好转，部分重症患者经过后续治疗也逐一痊愈。之后，通过全面综合整治，彻底消灭了性病。

1960 年，水肿病流行，大批壮劳力因营养不良造成水肿，无法参加劳动。病人实在太多，我们在全公社设五个临时病房。医务人员不够，就由乡村老中医充任，记得有李德明、张吉安、何月伦、周玉坤、宋克成等人。我每天都到各大队的临时病房查看病人的收治情况，处理一些突发事件。虽然医护人员竭尽全力，也无法改变病人的水肿状况。眼看到了"双抢"大忙季节，一大批壮劳力还不能下地干活，各级领导十分着急。

一天傍晚，我到设在清平庵的四大队临时病房查房，那里住了 40 多个因为饥饿造成的营养不良性水肿的青壮年。那时一个全劳力每天配给 12 两（16 进位制）口粮，又没有其他食物作为补充，成天处于饥饿状态，根本没有力气干活。病人双腿水肿后，都进了临时病房。那天，公社党委书记宋映和也在四大队了解情况，晚上我们便一道回公社。也许是心情不好，一路上宋书记好久都没有说话。快到陈家坝公社敬老院时，宋书记突然对我说："柳玉坤，你给我说老实话，清平庵的这些病人究竟是咋个回事？"

其实我们心里都清楚情况，但都不敢说出来。我也不知道他问我是啥子意思，便问道："你是要我按教育的方式说，还是实事求是地说？"

"就是要你实事求是地说。"他说。

当时，我的心里也有些顾虑——如果说真话，弄得不好运动来了，整一顶"右派"分子帽子来戴起都说不定。可转念又想，一路上只有我们两个人，如果说真话要挨整的话，我就死不承认自己说过就是了。想到这里，我便对他说："宋书记，实事求是地说，这些人的水肿病都是因为缺粮食，吃不饱饭造成的。"说完我还有些担心地抬头看了看他的脸色。

过了一会儿，他又问道："如果把他们的口粮增加了，一个星期能下地吗？"

"应该差不多吧。"我也没有十足的把握。

一路上，他没有再说一句话。我心里想，眼下的粮食这么紧张，一般干部一个月供应 19 斤，还要扣 1 斤支援灾区，每个大队食堂的粮食都十分短缺，哪里有粮食给这些病人增加口粮啊！没想到，第二天宋书记叫来县里下派到四大队管粮食的干部李柏清，要他把这批病人的口粮增加到每天 24 两，连续一个星期。不知道他们从哪里弄来的粮食，当天就给病人增加了口粮。一个星期后，这 40 多个壮劳力腿上的水肿消失，全部下地割麦子去了。

水肿病流行期间，因贫血引起的妇科病也大肆泛滥，全公社 80% 以上的育龄妇女闭经。那时候药品缺乏，更没有治疗妇科病的特效药。我们组织各大队的妇女主任带着助产员和妇女积极分子上山采中草药，然后利用废弃的旧仓房，采用中草药熏蒸的方法治疗妇科病。虽然这种民间土方法有一定的疗效，但对营养不良引起的妇科病根本起不了多大作用。直到 1962 年体制下放，解散了公共食堂，恢复了自由市场和农民的自留地，人们不再饿肚子，生活水平逐步提高，才杜绝了营养不良引起的水肿病及其他疾病。

1960 年秋后，钩端螺旋体病流行，西江公社也属于流行区。半个多月内，我们医院先后收治抢救病人 40 多例。由于医院场地狭窄，只好把部分病人临时安置在公社会议室。后来实在住不下了，还有一部分病人收治在西江小学的教室。全体医护人员 24 小时轮流值班。我白天主要负责收治病人，晚上还要到两个收治点查房。收治病人最多时，我三天三夜没有睡过觉，太困了就趴在桌子上眯一会儿。实在没有人手了，就把公社管治安的干部荀福全也拉来帮忙，晚上同我一道去两个收治点查房看护病人。那时医院用药也很紧张，特别是注射用的青霉素，每天要根据病人的用药量造表上报，经县卫生局核实后，再到医药公司取药。西江公社离县城不远，进城取药比较方便，但 1959 年夏天老西江桥被洪水冲毁，当时尚未重建。我每天早晨天刚亮就要进城取药，先坐小船过河，还要在乱石成堆的河坝里跌跌撞撞地走一两公里路才能赶到城里。等医药公司上班后，我取到药赶紧返回，即使这样，往返一趟至少也要两三个小时。

经过全体医护人员半个多月的精心治疗和护理，我们收治的 40 多名病人全部治愈出院，无一例死亡。之后，每年都要进行预防钩端螺旋体病的疫苗接种。经过三年的防治，1962 年普查时，全公社无一个钩端螺旋体病例。

地方病的防治是基层医院的主要任务。西江公社属于血吸虫病的流行区，新中国成立前民间就有"有女不嫁河西坝"的说法，其中一个主要原因就是血吸虫病的危害特别严重。新中国成立后，党和政府十分重视血防工作。1955 年冬，毛泽东主席发出"一定要消灭血吸虫病！"的伟大号召。1956 年 2 月 27 日，"消灭血吸虫病"写进了《农业发展纲要 40 条》。同年，中央成立了防治血吸虫病领导小组，派出大批医疗队到疫区进行血吸虫病防治工作。省卫生厅也在这一年，派血防人员来崇庆县调查，确定我县为血吸虫病流行县。7 月，县委成立消灭钩虫病、血吸虫病办公室。1957 年更名为消灭钩虫病、血吸虫病五人领导小组。1958 年 6 月 30 日，毛泽东主席从《人民日报》上得知江西省余江县消灭了血吸虫病的消息后，欣然写下著名的《七律二首·送瘟神》。全国以余江县为榜样，掀起了消灭血吸虫病的高潮。1959 年，县上在各医疗单

20 世纪 60 年代宣传画：一定要消灭血吸虫病（图片来自网络）

位抽调人员，成立县血防小组，下派到各公社开展血吸虫病的防治工作，西江公社每个大队都有一名县血防小组成员。1964 年，成立县血吸虫病防治站，由公社医院承担基层血吸虫病防治任务，每个大队确定一名乡村医生，在县血防站老师的统一指导下开展工作。

钉螺是血吸虫卵的寄生体，防治血吸虫病，首先要查螺灭螺。1957 年到 1958 年间，县血防人员在西江公社开展血防试点，查明了钉螺面积和分布情况，向乡村干部和放水员传授灭螺和粪便管理知识，并三次发动群众突击灭螺。1959 年，县上组织血防人员在公议公社搞试点，采用红木叶、菜籽饼、野棉花、扁竹叶、苦葛藤等植物和石灰浸泡液灭螺，我带着各大队的血防员参加了培训。

1963 年，县上以西江、白头、公议公社为重点，普查普灭钉螺。为了配合这项工作，县上安排县电影院放映队到各大队放映宣传防治血吸虫病的影片《枯木逢春》。公社干部和医院员工一道下乡，普及血吸虫病的防治知识。为了让群众充分认识到此病的危害性，我们还编了通俗易懂的顺口溜：

血吸虫，害人精。得了病，很伤心。

男不育，女不生。肚皮大，起筋筋。

四肢瘦来光筋筋，你说伤心不伤心？

那时，我带着各大队抽调的血防员，走遍了公社的桤木河、泉水河、济民堰、万成堰，以及小沟小河、堰塘水池。当时还发放了《查螺统计表》，按生产队、大队逐级统计，公社汇总，每天及时向县上汇报普查情况。统计的内容包括检查时间、参加人员、查螺地点、有螺面积以及与之相连的沟渠田块名称。通过逐一普查，我们终于弄清了各生产队的有螺面积和分布情况。是年秋后，结合秋冬季积肥，全公社开展了声势浩大的灭螺运动。当时人们形容有的河湾地段钉螺多的要"用撮箕撮，用扫帚扫"。针对这种情况，我们采用铲草皮的方法，将有螺面积上的草皮铲起来，连同泥土一起堆沤。堆放时每一层撒上药物（起初用生石灰、氨水，后来用石灰氮），外面糊上一层稀泥，通过堆沤杀死虫卵。有螺面积上使用的药物为五氯酚钠，县上按有螺面积分配。

1965年，上级要求结合农田基本建设普灭钉螺。西江公社一大队率先试点，按规划开新渠填旧沟，用土埋法灭螺，彻底铲除钉螺的栖身地。县上对此十分重视，李克耻县长亲自到一大队改渠现场指挥，要求总结经验，逐步完善推广。1966年2月，县水利规划队完成了河西18个公社的改渠规划。水系改造完成后，西江公社的桤木河、泉水河、济民堰、万成堰都不再承担灌溉任务，为灭螺工作创造了良好条件。

1970年，上级又要求把改造灌溉水系和灭螺结合起来，大搞群众性的农田基本建设。新开支、斗、农、毛渠，回填原有的小沟小河，对暂时不能回填的地段，铲成"三面光"加以药物杀灭。至12月底，西江公社以"三合堰一支渠"为主体的灌溉水系全面开通，旧河道的回填也基本完成，基本消灭了钉螺。之后，每年都要对尚存的旧河道周边，进行2~3次查螺灭螺工作，从而彻底控制了钉螺的孳生地。到20世纪70年代末，全公社灭螺面积共 20 万平方米，均达到了省上消灭血吸虫病有关灭螺的技术标准。

　　如果说查螺灭螺是血吸虫病防治的基础，那么对血吸虫病的普查普治，则是血防工作的关键。从 1956 年省卫生厅派血防人员到崇庆县开展血防工作，到 1964 年县血防站成立以前，血吸虫病人的检查和治疗，都是上级血防人员直接处治的，我们协助工作。1964 年，县上建立粪检制度后，各公社血吸虫病的普查普治，由公社医院主要负责，县血防站做技术指导。1965 年，我院派专人到公社按户口簿登记各生产队 3~60 岁人员的花名册，对全公社 3~60 岁的人群进行粪检，并按册填写粪签，每人 3 张。各生产队选派一名送粪员负责粪签的领取、保管、对应安放和粪便送检。由于医院没有场地，我们曾先后在有场地、有大粪坑的陈家坝的七大队七队和三大队五队设粪检点。粪检所需的烧瓶、量杯、瓷盅、消毒药水、铜纱（一种铜质滤网，因细软如纱布，俗称铜纱）等材料，都从县上统一领取；而搭建工作台的门板、高凳，盛水的黄桶，甚至水桶、板凳等，都是向当地群众借的。粪检工作人员从大队医疗站抽调，经县血防站培训后方能上岗。

　　粪检过程十分严谨。为了确保检查效果，我们坚持按要求每个人必须送检三次。有的人送了一两次就不送了，我们请公社包队干部协助，督促生产队送粪员按规定完成任务。每天早上，各生产队的送粪员挨家挨户收集粪便，分人头用菜叶包好并拴上粪签，及时送到粪检点。工作人员先将所有器具用消毒水清洗干净，将瓷盅套上铜纱，用量杯倒入一定量的水，把粪便样本放进盅内充分搅拌后，提起铜纱除去粪渣，再将水倒入烧瓶，贴上粪签待观察。一个小时后，将烧瓶内的上层水倒掉，重新注入等量的清水。再过一个小时开始观察，如果发现瓶底沉淀物中有虫卵孵化游动，即判断为阳性，未发现者为阴性，然后将结果按粪签登记入册。三次粪检只要有一次呈阳性，即为血吸虫病感染者。粪检工作量很大，几个大门板上摆满了烧瓶，七八个工作人员每天都要忙到天黑才能回家。就这样成天忙忙碌碌地工作，全公社搞完一次粪检，最少也要一个半月的时间。

那时经费很紧张，平时开展卫生防疫工作没有补助，依靠群众运动进行大规模查螺灭螺。而粪检需要抽调专业人员，每查一份粪便上级补助0.03元，其中还包括各大队抽调人员的补助、请人挑水的工钱以及大家的午餐费。为了节约开支，我每天除了负责日常的粪检工作外，还要给大家煮午饭，晚上回家汇总当天的粪检结果，填写报表。

根据粪检结果，我们把血吸虫病感染者登记上报，从县血防站领回血防846乳干粉对患者实行分散治疗。药粉领回来后还要熬成制剂。在那个商品匮乏的年代，熬制药剂所需的芝麻油、焦炭都要先到县上有关部门报计划，再由有关部门根据病人的多少批给一定的材料。西江公社每年要批五六十斤芝麻油。熬药时，先把芝麻油熬到80℃，加入适量的乳干粉充分搅拌，让其溶化。整个过程中温度都要保持在80℃左右，过高或过低都会影响药效。每次熬药我都要亲自操作。熬好的制剂分装在高温瓶里，由送药人员分别送到各个生产队，用量杯量好送到病人手里，做到"送药到手，看药下肚"，连续服用七天。普查普治期间病人较多，最多时有2000人左右。这些病人分散在各个生产队，我们组织各大队医疗站的"赤脚医生"每天到医院领药，再分送到病人手中，并做好服药登记，每天上报。

1970年又进行了一次大规模的粪检普查普治，收到较好的效果。通过几次大规模的普查普治，特别是1970年配合改渠灭螺后，全公社血吸虫病感染者大幅度下降。之后的几年间，由县血防站工作人员、公社医院及大队医疗站组成专业防治队伍，常年查病治病。1978年以后，我们采用血检方法防治血吸虫病，对不确定者，再结合粪检综合诊断。一旦确诊，立即通知病人到公社医院领取吡喹酮当场服用，这确实比以前方便多了。个别身体虚弱的病人，服药后还要在医院输液，治疗效果也比较好。截至70年代末，全公社医治血吸虫病患者3700多人，其中30多名晚期患者还被送县血防医院医治或手术治疗。

　　为了改善农村卫生条件，在做好血吸虫病防治工作的同时，还开展了"改水、改厕"工作。20世纪50年代初，西江公社80%的人家饮用沟水、河水、塘水，有的甚至吃冬水田里的水。根据上级安排，我们下乡到每个生产队宣传卫生知识，劝导大家不要饮用污染的河沟水，尽量饮用井水。60年代初，结合血防普查，我们深入到每个林盘院落，对水井情况逐一调查。当时全公社有水井180多口，有一部分长期未用，大多数水井多年未清淘维护，井口破烂，导致脏水流入，污染了井水。公社组织群众清淘、修复水井，县上为此专门划拨了两吨水泥，用于加高井台，增添井圈，安装井盖，防止井水污染。70年代后，不少人家打了手压钢管井，饮用水卫生条件进一步改善。

　　改厕从人畜分坑开始。50年代初，农村中大多数人家人畜杂居，猪圈与厨房相连，房间内放便桶。人畜同坑，蚊蝇孳生，引发多种流行疾病。政府组织干部下乡向群众宣传爱清洁、讲卫生的知识，并结合积肥造肥工作，号召大家清除污泥杂草等蚊蝇孳生场所。1956年，结合普查普治钩虫病，90%以上的农户实行了人畜分坑，粪便集体收贮，密封处理。1960年以后，结合防治血吸虫病，政府在农村推广修建双坑、三坑式轮换贮粪池，粪便经轮换池密封发酵，杀死虫卵后方能施用。70年代推广沼气池，把厕所、猪圈、沼气池建在一起，解决了农村燃料不足和粪便管理等问题。在"改水、改厕"，改善农村卫生环境的工作中，医院都要派人参加，每次我都要亲自到现场，指导监督、检查验收，逐一落实到每个环节。

　　1981年，公社在成大路旁给医院划拨了1亩土地，县卫生局批了8000元的修建费，医院全体职工无偿参加劳动，终于在第二年建成8间平房，完善了基本科室，就医环境得到明显改善。1983年，公社改为乡，医院更名为西江乡卫生院。随着农村推行土地承包责任制，各大队的医疗站相继撤销，全乡的卫生防疫工作全部由乡卫生院负责。县卫生局先后调来部分人员，指导我们在搞好医疗业务的同时，确保农村卫生防疫工作顺利开展。

1985 年，我申请提前退休，让女儿接班就业。组织上批准了我的申请，但要求我退休后继续留任，负责卫生院的全面工作。后来县卫生局调来一位院长主要负责日常门诊业务，我仍担任院党支部书记，负责卫生防疫、预防接种、计划生育等工作。特别是血吸虫病的防治，一刻也不能放松。每年我都要

1988 年 12 月，柳玉坤荣获原卫生部颁发的"从事卫生工作三十年"荣誉奖章和证书

带着医务人员对全乡约 1 万平方米的疑似有螺区域进行检查，如发现钉螺，立即施用药物杀灭。我们还在每个村设点，对 3～60 岁人群采取血检的方式开展血吸虫病检查，发现阳性感染者，及时通知病人到卫生院治疗。经过多年的努力和辛勤工作，西江乡的卫生防疫工作保持了较高的水平，受到上级卫生主管部门的表扬和肯定。我也因在工作中做出了一点成绩，受到组织上的表彰和鼓励，历年被评为"优秀共产党员"和"先进工作者"。1988 年 12 月，荣获原卫生部颁发的"从事卫生工作三十年"荣誉奖章和证书。

1992 年，因成大路扩建，卫生院前院房屋受到影响。上级拨了 5 万元改造经费，在原来平房的前面修建了一楼一底的门诊用房。之后，卫生院员工不断增加，最多时达 30 多人。乡镇卫生院是个比较特殊的单位，人事业务归县卫生局管，行政事务归乡上管，经济上自负盈亏，员工越多，负担越大。起初，新调来的人员由县卫生局发工资，到了 90 年代后期，上面不再发工资，卫生院的所有开支和人员工资全部自行解决。西江卫生院离县城近，交通便利，人们大病进城看，小病在村个体诊所包点药，全院的业务收入根本不能解决员工的基本工资。为了增加收入，我们只好安排人员出去摆药摊，最多时在外的药摊有三四个，但仍

不能解决大家的基本生活。后来，一部分人员逐步调到红十字医院或其他单位，余下十多个人。我们安排一部分人坚守医院开展业务，挣钱吃饭；我带几个人下乡去搞卫生防疫、妇幼保健、计划生育等工作，才勉强维持下来。

2000 年前后，城里的国营企业、集体企业纷纷破产变卖。其后，波及卫生系统，有的医院卖给了私人。我们院因资产不多，业务不好，所以没有人接手，但员工们人心惶惶，不知道哪天就下岗了。这段时期，每个员工每月只能领点生活费，我成天在乡下跑，每月除了不高的退休费，只有很少一点补贴。有很多人劝我回去开个小诊所，既轻松又能挣钱，总比留下来搞卫生防疫强多了。我不是没有想过，但考虑到组织上对我的信任（退休后仍一直担任党支部书记），把基层卫生工作交给我，兢兢业业干了几十年，怎能一遇困难就在关键时刻撒手不干，自己回去干个体挣钱呢？排除了心中的杂念，我坚持了下来，继续认真做好基层卫生防疫工作。

2003 年，"非典"肆虐，引起了中央对基层卫生事业的重视。2004 年，乡镇卫生院全部改为公立卫生院，国家投入大量资金改造基础设施，增添医疗设备，医务人员的工资也有了保障。同年 9 月，西江乡并入崇阳镇，乡卫生院并入城北社区卫生院。我心里想，医院合并了，自己的担子也该放下了。这时组织上给我做工作，要我在农村卫生防疫方面再带一带年轻人，我没有二话，服从组织安排，一干又是几年。在做好各项卫生防疫工作的同时，我们每年都坚持到各村做血防检查。我保留了最后两年血防检查的统计数据：2007 年共查 3088 人（西桥村 670 人，红桥村 709 人，清平村 542 人，东泉村 581 人，外来人口 78 人，安乐小学 13 个班共 508 人）。2008 年共查 3202 人（西桥村 906 人，红桥村 973 人，清平村 512 人，东泉村 751 人，外来人口 60人）。从这两年的检查结果来看，呈阳性感染者每年只有 30 多例，均得到了及时治疗。

2008 年 12 月 25 号，我这个农村医疗卫生战线上的老兵，终于站完了最后一班岗。此时的我，早已年逾古稀。细细算来，从部队退伍参加农村医疗卫生工作，到离开这个岗位，整整过去了五十年。五十载岁月的艰辛，半个世纪的坚守，我这辈子就干了一件事：农村医疗卫生防疫工作。没有显赫的成绩，没有丰厚的收入，只留下平凡的人生经历。几十年间，我目睹了农村医疗卫生条件的改善，人们生活水平的逐步提高。自己能为改变家乡的落后面貌，解除父老乡亲的疾苦，做一点力所能及的事情，也就感到欣慰了。

崇州市女子电影放映队侧记

岳世昌

一、县城电影院的修建

1958 年，崇庆县人民委员会依照成都市和平电影院的建筑图纸，动用了城关镇（今崇阳街道）大量人力物力，在今中心广场旁边的西街黄金口岸处，建起了我县有史以来的第一座电影院，名为崇庆县电影院。影院正面高墙的上端，横向塑

1981 年春，重建竣工的崇庆县电影院，1994 年撤县设市后，更名为崇州影剧院

有一排十多只展翅飞翔的和平鸽，象征热爱和平；在和平鸽上方最高处，有肩并肩站立着拿着大锤的工人、抱着麦稻穗的农民和紧握钢枪的解放军三个人物塑像，象征我们党制定的"文化艺术为工农兵服务"的方针。因是砖木结构，不耐风雨侵蚀，于 1979 年年底拆除重建，由四川省电影公司、县财政局和县电影管理站（县电影发行放映公司前身）共同投资 38 万元修建，1981 年春竣工。同年，成立县电影发行放映公司（以下简称电影公司），负责电影的发行宣传、放映管理、设备维修。在 20 世纪八九十

年代，崇庆县电影院在成都市周边各县城中是首屈一指的，也是县城里的地标性建筑，1994年撤县设市后，更名为崇州影剧院。

1998年9月2日，崇州市政府下达了《关于停用并拆除崇州市电影院的通知》（崇府安〔1998〕5号），全文如下：

崇州市电影公司：

1998年8月20日，市政府接崇州市公安局崇公字（1998）116号文《关于崇州市电影院存在重大火险隐患的立案报告》，为保障国家财产和人民生命安全，防止重特大事故的发生，1998年8月27日市政府常务会议研究决定，电影院立即停用并拆除，责成文化局监督组织实施。

1998年9月，电影院被拆除的同时，市政府将电影公司部分人员分流到教育局、广电局、体育局、文物管理所、旅游局、卫生局、房管局、工商局、粮食局、交通局、国土局等单位，还剩下22人留在公司，其中有6人主动要求停薪留职自谋出路，有6人接近退休年龄，有10人是年轻女职工。文化局把这16人安置在罨画池公园原"崇庆县立图书馆"的两间老房子（2001年拆除）内上班，工作任务是轮换着去乡镇企业局楼下昼夜不停地放映录像，挣钱发工资。

二、"2131工程"政策出台后

电影，历来是宣传部和文化局直管的文化事业。通过电影放映，在寓教于乐中让观众放松身心，陶冶情操。电影院拆除了，未被分流的职工忧心忡忡、情绪低落，对公司的前途和个人命运心灰意冷。正在这时，国家广播电影电视总局出台了全国农村电影"2131工程"政策，规定：从21世纪开始，要实现一村一月给农民放一场电影，这是落实中央"文化惠农政策"的一项重大举措。

1999 年 5 月，四川省政府成立了"2131 工程"领导小组，着手实施这项工程；成都市政府把"2131 工程"列入各市（县）政府的目标管理进行考核；2000 年年初，崇州市政府发文将"2131 工程"的电影放映任务列入各乡（镇）政府精神文明建设的目标管理考核内容。同时，指示文化局派出专人，下乡调查了解各乡（镇）恢复原公社电影放映队，开展电影放映工作的具体措施。文化局因工作繁忙，把下乡调查了解情况的任务下达给电影公司具体负责。我曾担负前往苟家、万家、安阜、大划、江源、三江等乡（镇）的调查了解任务。

那时本人已 58 岁，患有严重类风湿关节炎，为了完成工作任务，我忍着病痛，带上文化局开的介绍信，对六个乡（镇）逐一进行认真调查。每到一处，我都要请乡（镇）的主管领导写出恢复原公社电影放映队，开展电影放映工作的具体意见，盖上乡（镇）政府公章后带回文化局，由文化局汇总，向市政府主管领导汇报。

经过调查得知，各乡（镇）过去的公社电影放映人员，因嫌工资待遇偏低，已纷纷转到别的行业，电影放映设备由于长期无人经管，已开始腐蚀霉烂，各乡（镇）根本无法独立开展电影放映工作。市政府分管领导听了文化局的汇报后，不得不取消由各乡镇开展电影放映工作的计划，而把这项任务转交给电影公司。

三、女子电影放映队的组建

2000 年 1 月 3 日，电影公司经理王艳安排笔者对 10 位年轻的女职工进行为期两个多月的放映技术突击培训。3 月 17 日，这些女职工按三人一队，分成三支电影放映队，由王艳任总队长，曹蓉、岳萍、周勤三位同志分别担任放映一队、放映二队、放映三队队长。从此，这三支女子电影放映队，分别到全市各行政村放映"坝坝电影"，贯彻落实中央"2131 工程"的文化惠民政策。

每天下午，女放映员们背上行李包，带上电筒和雨具，把年幼的孩子丢给父母和爱人，到冷冷清清的、陌生偏远的农村给观众放映坝坝电影。她们个头不高、体力不佳，出发前总是费尽九牛二虎之

一切准备就绪，电影即将开映

力才能将那些笨重的放映设备抬上"火三轮"，一路颠簸到达放映地点后，又要竭尽全力艰难地把设备卸下车来，然后紧张地架设好银幕和放映机器，检查、调试好机器、影片，为确保放映工作顺利进行，一丝不苟地做好放映前的各项准备工作。

炎热的夏季，在观众们层层包围之中，她们操作机器放映电影，又闷又热，大汗淋漓，只能用扇子扇风降温；乡村蚊虫多，她们的身上被叮咬起大大小小的红包，奇痒难忍；放映中途突遇下雨，她们赶紧把随身携带的雨具拿出来保护机器设备，而自己却淋得像落汤鸡；寒冷的冬季，在露天坝里放电影，寒风凛冽，有时还雨雪交加，手脚冻僵，乃至长起冻疮，仍然坚持工作。乡村的夜晚不像城市灯火辉煌，每走一步都离不开手电筒，山村小路崎岖难行，加之对地形环境不熟悉，行走起来磕磕绊绊，摔跟斗的事情时有发生。

那时，农村电网尚未进行改造，电压不稳定，常在放映中途引起机器故障。停机检修时，观众们焦急地拥挤在放映台周围，女放映员们因实际工作经验不多，手忙脚乱，急得满头大汗。

放映坝坝电影，天不黑透是看不到银幕上的影像的，夏天要等到晚上9点钟左右才能开始放映。一个晚上放映两部故事片，工作三个多小时，放映结束收装好机器设备，已是深夜12点左右。她们经过一天的劳累奔波，回到城里已是夜深人静，一个个疲惫不堪……

就这样，为完成崇州市"2131工程"的电影放映任务，全

市 372 个行政村，都留下了女子放映员们的青春脚印。2000 年 3 月至 2001 年 3 月，仅一年时间里，这支女子电影放映队共放映"坝坝电影"1244 场。她们的工作受到了广大观众的好评。

元通镇青石桥村一位姓段的大爷说："1964 年，那时我是小伙子，听说县电影院在放映《五朵金花》，便约起两个伙伴朝城里跑。哪晓得我们去迟了点，没买到票，看不成电影了，各人就把买电影票的一角二分钱拿去吃了一碗面（当时一碗面也是一角二分钱），白跑了几十里路。现在安逸，政府派你们把电影送到我们家门口来了，还不收钱，真是做梦都想不到的好事。"

道明红旗村一位八十高龄的李大爷，喜笑颜开地对放映员说："我活了这么大岁数了，以前从来没有听说过种田不交公粮的事。现在政府不但不收公粮，还要给种田人发工资（耕保基金），又安排你们下来放电影慰劳我们，没有哪个朝代有这么好的事情。感谢你们了，你们这些女同志受累了。"

四、媒体聚焦与获得的荣誉

女子电影放映队不辞辛苦的工作，不仅赢得了广大农村观众的好评，还引起了媒体的关注。从 2000 年 6 月 1 日起，《蜀州报》《成都晚报》《华西都市报》《成都商报》《四川妇女》《四川日报》《青年报》等众多报刊和崇州电视台陆续对崇州女子电影放映队的事迹做了报道。

2000 年 8 月 13 日，成都电视台《今晚 8:00》节目主持人郭月（左三），采访了崇州女子电影放映队队员，并与她们合影留念

中共成都市委副书记黄忠莹在了解到崇州市女子电影放映队的感人事迹后，于 7 月 27 日，做出批示："请市委宣传部、市文化局协助完成制作工作，宣传这个农村精神文明建设中的先进典型。"

8月13日，成都电视台在《成视新闻》栏目中对她们的先进事迹进行了宣传报道。10月初，中共崇州市委宣传部协调一辆长安小客车给女子电影放映队做交通运输工具，崇州市政府划拨1万元给女子电影放映队作放映活动经费。2000年12月3日，中央电视台的"电影新闻"对她们的事迹进行了专题报道。

一时间，"崇州市女子电影放映队"的先进事迹传遍崇州、成都、四川，乃至全中国。她们能取得这些成绩，与从中央到地方，各级党委、政府对实施"2131工程"的重视和对女子电影放映队的关怀是分不开的。女子电影放映队在活跃我市农村群众文化生活、加强精神文明建设、推动社会主义新农村建设方面功不可没，先后获得了中央到地方各级政府的表彰和奖励。

2001年2月，崇州市文化局给崇州市女子电影放映队颁发了"崇州市2000年度文化工作先进集体奖"；2001年2月12日，崇州市电影公司女子电影放映队获得了成

2005年3月，成都市文化局下达表彰崇州市女子电影放映队的文件

都市文化局颁发的"农村电影工作先进单位奖"、成都市政府颁发的"精神文明先进集体奖"；2001年3月，崇州市妇联向崇州市电影公司女子电影放映队颁发了"'三八'红旗集体奖"；同年3月，获得成都市总工会颁发的"成都市女职工双文明建功立业活动先进集体奖"；2005年3月，成都市文化局下达了《成都市农村电影放映"2131工程"领导小组关于表彰2003—2004年度农村电影先进集体和先进个人的决定》（成文发〔2005〕46号），崇州市电影公司放映队被评为"优秀电影放映队"，胡存义、周勤、曹蓉三位同志被评为"农村电影工作先进个人"；女子电影放映队总队长王艳获四川省妇联"三八红旗手"、成都市

"优秀共产党员"称号。

更值得一提的是，2008 年 5 月 12 日，汶川发生特大地震，崇州市的鸡冠山、文井江、街子、三郎等山区乡（镇）山崩地裂，成了重灾区。为了安抚受灾群众，按照市文化局的安排，队长曹蓉带领女子放映员们舍小家为大家，冒着余震危险，深入到重灾乡（镇）开展电影放映宣传活动，给灾民们带去了党和政府的关心和慰问，缓解了灾民们压抑沉重的心情，让大家看到了希望，坚定了重建家园的信心。

崇州市女子电影放映队深入灾区开展电影放映工作的先进事迹，再次受到国家广播电影电视总局的高度赞扬，被崇州市政府评为"抗震救灾先进集体"，成都市妇联亦授予其"成都市巾帼文明岗"称号。曹蓉被成都市文化系统评为"抗震救灾先进个人"。

19 年前，在崇州市电影公司处于极端困难时成立的女子电影放映队，担负起了崇州市政府实施中央"2131 工程"文化惠民的工作任务。她们发扬"巾帼不让须眉"的精神，克服种种困难，吃苦耐劳为我市城乡居民放映公益电影，丰富了群众的精神文化生活，做出了电影公司前所未有的显著成绩，还获得了国家级荣誉，这是她们的光荣，也是所有电影放映人的骄傲。19 年时光一晃即逝，但那段既艰辛又光荣的历程令人难以忘怀。

2001 年 5 月，崇州市政府再次对电影公司人员进行分流，6 名女职工被安排到文体广新局和卫生局工作，留下来的少数女职工，又重新组建一支女子电影放映队，坚持到农村放映公益电影。如今，当年的女子电影放映队队员们都已退休，落实"2131 工程"的电影放映任务，由崇州市影视文艺中心聘请的乡镇放映人员去完成。

谨向为本文提供相关资料的原崇州市电影公司女子电影放映队成员曹蓉、岳萍致谢。

人物纪事

我的父亲周承宗传略

周九香

　　我的父亲本姓吴，1906 年腊月十四出生于崇庆县城南米市街。因他的外祖父周文彬没有儿子，遂将女婿吴洪顺的次子过继到周家做孙儿，取名兴祖，字承宗。他是崇庆中学初中六班学生，1926 年毕业。1928 年，他从设在成都的四川兵工厂军事训练队毕业。

周承宗

　　20 世纪 30 年代，吴家经营酱园业已四十余年，外曾祖父周文彬一直从事县施药局的慈善事业，免费为贫民看病，施药。① 后来，外曾祖父年事已高，父亲过继给周家后，仍继续经营酱园坊。他从少年到青年时代都生活在酱园坊里，对酿造酱油的生产工艺比较熟悉。

　　20 世纪 30 年代的四川，军阀横行。崇庆县城驻军袁超旅部指使特务连士兵到周家经营的"大椿裕"酱园坊闹事，用假银圆买货，反而将周家人拘捕起来。为了不受人欺侮，周文彬只好送孙子周承宗去二十四军刘元瑄的部队，投靠同乡李开文团长，做个文职参谋。全面抗战时期，周承宗的老师王思忠任温江地区专员，1940 年推荐他担任温江专员公署事务员，后又介绍他到郫县粮库当出纳。当时，国民政府官员贪污腐败，用两枚真公章、一枚假公章的提粮单据，调走了数百石粮食，却要当出纳的周承宗赔，并将他关入成都将军衙门街国民党党部的行辕内。他的老同学民族资本家邓治安当时也因被诬造假票子而受到勒索，被关押在此，两人笑称"二次同窗"。周家变卖了仅有的二十多亩田，还了这笔钱，父亲才获得自由。此后，直到新中国成立前，他一方面经营酱园坊，一方面不时贩卖点酱油、布料之类的商品至西康县、汉源县（两县于 1955 年后并入四川省），顺便看望在汉源生活的妻室儿女。有一次，在泥巴山他还遭到了土匪的抢劫。

我还记得"大椿裕"酱园坊，旧址在今崇州市文庙街 187号，前面是铺面，后面是作坊与居室，属于前店后家式的传统手工业作坊，采用传统工艺生产酱油等调味品。听父亲讲，新中国成立前"大椿裕"酱园坊生产的"薛翁牌"口蘑窝油在川西地区远近闻名，就是他亲自配料并参加酿造的。这种窝油严格选用自然发酵而成的白窝油，不加任何色素，配上天然香菌和各种香料，经太阳照晒后逐渐浓缩而成，味道十分鲜美，是上好的食品调料。当时，生产这种窝油很费功夫，每当夜深人静，父亲和家人在油灯下，照料一盆一盆的窝油。那时，崇庆县的天主堂鸡肉名扬蜀中，其制作人聂老大爷凉拌鸡肉用的就是"大椿裕"酱园坊生产的口蘑窝油。现在看来，父亲当年亲手配料酿制的窝油，是很符合现代绿色食品标准的。

酱园坊酿制酱油用的黄豆、麦、米等原料，是从乡下农民的手中零星收购而来的。每到赶场天或逢年过节时，成百个装着黄豆、麦、米等原料的大小竹筒、土罐子挂满了铺面。作坊师傅将查验合格的原料称量后，等价折换成酱油放到相应的竹筒、罐子里，到散场时，农户才来取走。这是当时传统的以物易物的经营方法，买卖双方诚实守信，保证质量，按质付款。作坊的铺面上，一年四季都要备好茶水、烟丝，提供给来换货的人。常年间，数十位挑担贩卖酱油、醋的小贩来酱园坊也是先取货，等货零卖出去后才付钱给坊里，大家都和气相待，讲究诚信，这也是酱园坊能经营好的一个关键。

"大椿裕"酱园坊的资金，一大部分是靠民间的起会方式来筹集的。我父亲作为会首，每月要准备好一次又一次上好的饭菜，招待亲友以便筹集资金。当时，酿造酱油所需的黑豆母由内江等地商人贩来，每隔一段时间，便派人来收账。坊里也讲信用，按账付款，从不赖账。黑豆母运到成都后，再由苦力用板车从成都拉到崇庆县。有时作坊要做好饭菜，派人挑到羊马场，让饥肠辘辘的苦力们吃饱了饭，才能把货及时送到。

民国时期，我父亲正是在经营管理酱园坊的过程中，与社会下层民众有了密切的联系，了解到民众的辛劳疾苦。同时，他经营的酱园坊饱受军阀、官僚的欺凌，苛捐杂税的横征暴敛，以及纸币贬值的严重影响，使得他和家人尽管克勤克俭地经营，但酱园坊的经营仍然日益衰落，一家人的生活捉襟见肘，十分艰辛。

新中国成立后，他和家人喜见光明，觉得翻了身，得到了解放，酱园坊也会逐渐走向欣欣向荣的光明大道。1950年，县商会改组，他任常务委员兼文宣股股长，1952年被选为县工商联筹委会主任委员，不久任县工商联主任，积极投身到共产党领导的各项民主改革和社会主义改造中。他在崇庆县城的工商业界中，人际关系很好，能团结广大工商业者，积极纳税，积极参加各项有关的公务活动。在担任崇庆县工商联文宣股股长时，他在《川西日报》上发表文章，歌颂新中国，表示坚决跟共产党走。1955年，他带头将自己经营的酱园坊首先实行公私合营，把生产和财经大事交由工人来管。曾经在酱园坊工作的胥汉章、张维新等两三位工人，以后成为县里和工厂的领导。公私合营时，按协议，要留六间房给他和家人居住。当时，庞汉元县长征求他的意见，问他想分哪几间私房时，他一心想着生产，坚决不占铺面。其后，酱园坊改组为崇庆酿造厂。

公私合营后，他成为崇庆县工商联主任，靠工资生活。妻子张淑华属于资方从业人员，靠酿造厂的工资生活。除了拿出一部分月薪作为我上大学的费用外，他对自己、对子女的用度要求很严。我当年上大学时，没有一件毛线衣；想买一把小提琴，也未能如愿。可是为了保家卫国，他捐献了许多资金。

1955 年，我在川大历史系学习时，收到父亲的一封信，内容如下：

九香：

需要的《孔子世家》和《论语》带来了。你的学年论文为《论孔子》，我对这个题目非常高兴。

我认为，对这个老先生应该有一个正确评论的必要。

……

没有五四运动文化上的革命，没有毛主席对新文化的正确指示，没有马克思列宁主义思想的指导，我们对这位老先生还是模糊的，当然今天，论他还不能割断历史，应该从各方面来研究批判……因此我希望你要虚心学习刻苦钻研，接受老师的教导，同学们的帮助，这对于你学历史来说是一个重要的考验，既不要畏难怕去论他，也不要轻率地下笔，努力的（地）作好这个论文。

父 承宗字

（1955 年）11 月 14 日

从信中可见父亲对中国传统文化的热爱。20 世纪 50 年代，他还梦想退出商业界，去当一名语文教师。1953 年 4 月至 1955 年 12 月，他担任崇庆县第五届各界人民代表会议常委会常务委员；1956 年 2 月，崇庆县各界人士学习委员会成立，他任委员；1957 年，他担任崇庆县政协第一届委员会副主席；1959 年 12 月至 1987 年 2 月，他历任县政协第二届至第六届委员。[②]

1958 年，他被错划为右派后，离开了工商联。1959 年国庆后，他被平反摘帽，回到崇庆县酿造厂从事事务性工作。祖传的这六间瓦房成为他和家人的重要财产。1960年前后，为了扩展业务，崇庆酿造厂将厂房迁到正东街的公房。城关镇将原来酱园坊的房屋租给城市平民经营豆腐坊。父亲当时是摘帽右派，一年到头默默忍受着熙熙攘攘的豆腐坊给生活带来的不便。

父亲一生尊重师友，同情贫弱。他的启蒙老师姓陈，有一女嫁与周姓人家。1975年，政府落实城户下乡政策，周大姐从乡下回到崇庆县城关镇，没房住，父亲象征性地收了一两百元人民币，将两间住房义卖给周大姐，而他和我母亲就在这四间瓦屋内度过了晚年。至今，周家的三儿子，仍与我家老宅为邻。

改革开放后，再次落实政策，父亲作为县政协委员积极建言献策，认真撰写文史资料。他写的《忆王思忠先生》一文收录在《百年崇州》第三卷第1273页。该文通过叙述他的老师王思忠先生的一生，概述了辛亥革命后四川政局的变化和王思忠先生一生的贡献，阐明了只有共产党领导的新中国才能改变中国人民命运的真理。他的另一篇文章《崇庆县城关工商业民国时期的发展状况》一文，是研究崇州民国时期工商业经济的重要论文，收录在《百年崇州》第四卷第1883页。

1976年，父亲从崇庆县酿造厂退休。因为他曾担任崇庆县政协第一届委员会副主席，属于县级干部，他的退休证是县委发的，行政级别为二十三级。落实政策后，相关部门并未调整他的工资待遇，他对此也毫无怨言。党的十一届三中全会以来，祖国发生的巨大变化令他欣喜非常，高兴万分。父亲晚年喜欢写对联，表达他对国事民情的见解。他在《雨露阳光》一联中写道：

旋乾转坤，岂仅守成，十亿人民迸发出冲天干劲；
先忧后乐，奋起中兴，九州大地共感受雨露阳光。

2017年，我在崇州老宅清理旧物时，找到了一张题有"一九八四年欢庆双甲子纪念"的发黄老照片，照片的背面有父亲的题诗《双甲颂》及他的老友袁瑞麟先生的和诗，拍摄的地点是崇州西江桥附近的文化茶园。父亲在诗中写道：

旧岁积雪导春寒，良宵已过少寻欢。
寒虫叫鸣知暖意，晓莺啼报艳阳天。
花甲重叙逢盛世，国泰民安乐田园。
吾侪皓首心未已，喜看侧畔扬千帆。

他的老友袁瑞麟先生欣然和诗曰：

不羡恒升日日新，兰亭雅集乐无伦。
苍松荫翳黄山岭，白鹤栖迟绿水滨。
盛世欣逢追上巳，晚年欢度宴良辰。
寿征百二宜双甲，九九还添廿一春。

1984 年 2 月 1 日是癸亥年除夕，2 月 2 日是甲子年正月初一。崇阳镇的老人们相约在除夕举行迎春团拜、欢庆"双甲子年"的盛会，我父亲参与组织了这一次团拜活动，并拍照留念。

照片上的老人们历尽沧桑，饱经忧患。在上一个甲子年，即 1924 年时，他们正值青春年少。那时的四川，军阀割据，社会动乱，天灾人祸频仍，民不聊生。他们在苦难中成长，经历了抗日战争、解放战争，迎来新中国的成立，直到 1984 年切身感受到改革开放六七年来所取得的成果，目睹了崇庆发生的令人惊喜的变化。老人们见证了伟大祖国由乱而治的峥嵘岁月，他们心潮澎湃、赋诗唱和，祝愿国家早日

1984 年 2 月 1 日，崇阳镇的老人们相约在西江桥文化茶园举行迎春团拜、欢庆"双甲子年"的盛会，并拍照留念。照片的背面有父亲的题诗《双甲颂》及他的老友袁瑞麟先生的和诗

实现民族复兴，建成繁荣富强之中国。

父亲对党的改革开放政策，充满信心；对文明富裕新崇州的发展、建设，充满美好向往。他曾在《百岁颂》一诗中写道：

> 七十古稀成老话，寿高百岁不为奇。
> 国家政策重防老，春风和畅好养颐。
> 待到二零四零岁，正是高度文明时。
> 青壮同胞俱有幸，垂暮景行向往之。[③]

1988年4月5日清明节，我的父亲周承宗先生辞世，享年83岁，他是崇庆县第一位安葬在白塔山公墓的老人。

【作者简介】周九香，男，1935年生，四川崇州人。1957年自四川大学历史系毕业后留系任教。四川大学历史系教授。发表多篇学术论文，出版多部专著。

注：
①民国十五年（1926）由罗元黼纂修，成都昌福公司印制的《崇庆县志》，记有此事。
②摘自崇庆县政协编志小组所编《中国人民政治协商会议四川省崇庆县委员会志》。
③摘自《周承宗诗集》第23页。

记崇州籍乡土作家贾承汉

张廷涛

一

往事如烟，我却记忆犹新。

算起来，自己和贾承汉认识已有 40 多年。1984 年 8 月，崇庆县文学创作者协会（今崇州市作家协会的前身）在北门党校内成立，参加会议的会员有 120 多人，其中就有贾承汉。当时，他还是个文学青年。

印象中，他蓄着平头，穿件灰色衬衫，口袋里别着支钢笔——贾平凹在他的《看人》里有过这样的话：在口袋里插一支钢笔的是小学生，插两支的是中学生，插得更多了，就不再是更大的知识分子，是小贩，修理钢笔的。贾承汉什么也不是，就是一个念过些书的农民。他人瘦，脸色不那么好，背微微有些驼，说话的声音喑哑。后来听他兄弟讲，那是他小时候落下的毛病。

饱经沧桑的贾承汉老师

他家住隆兴乡青桥村，兄弟姐妹七人，他是老四，邻里称他"贾四哥"。他从小在乡村长大，对农民很熟悉，有感情。他喜欢写作，作品大多以农民生活为题材，有人说他是崇州的赵树理。

1981年，他写出短篇小说《王满满》，在当年的《四川文学》第十期上发表。小说叙述一个叫王满满的老实巴交的农民，在赶场天买了只猪儿回家，被女儿牵上公路，却让一辆小汽车给撞死了。许多人闻讯跑来看，连大队书记也来了。猪是在公路上被撞的，这让王满满很忐忑，担心要自认倒霉。车上坐的是新来的县委书记，他了解到王满满的家庭状况后，内疚不安，自己掏了30元作为赔偿，让王满满重新去买只猪儿来喂。

这结果出乎所有人的预料。

小说歌颂了十一届三中全会给农村带来的变化，寓意深刻：农民过去的那种苦日子将一去不复返了。用王满满的话说：今天，我们农二哥有想头了！

小说表现出贾承汉敏锐的政治嗅觉和文学创作才华。

这年冬天，他被邀请参加四川省作家协会举办的青年作家讲习班的学习。讲习班为期40天，地点在新都龙藏寺。讲习班从全省各地精选出40多名学员，好些都是刚刚返城的知青，有的来自农村，大多是刚刚发表作品，或者已表现出较好的文学创作苗头。在一个多月的时间里，贾承汉和其他学员一道写稿子，参加文学创作讨论，听被请来的作家、教授和刊物编辑讲课。

无疑，那是贾承汉一生都不会忘怀的日子，这给他后来的创作带来了极大的鼓舞，为他以后的创作打下了较为坚实的基础，让他对自己的文学前途充满信心。

二

其实，早在崇庆县文学创作者协会正式成立前，贾承汉的文学创作就有声有色，很是活跃了。那些年，县文化馆每年都要召集乡下的业余作者进城搞创作，三五日不等，有时甚至十天半月，吃住就在文化馆。县上给予创作者一定的生活补贴，生产队还计工分。这对于像贾承汉这样的业余作者来说，无疑是一桩充满幸福感的事。

他曾讲过这样一件事：1974年春，县文化馆通知他去报到，参加创作培训。他背了行李，从隆兴赶到文化馆，馆长却告诉他："公社叫你回去。"他听了很气愤，说："既然不要我，就不要通知我！"说罢，放下行李，就是不走。结果，馆长经过多方协调，才让他留了下来。

1978年以后，文学复苏，给人民大众带来了极大的喜悦，好些作品一经问世，便很快到处流传，引起社会的广泛关注。

文学，被人们顶礼膜拜。

1979年，过完春节不久，县文化馆召集20多位业余作者，为配合文艺调演，要求限期写出文学作品。贾承汉创作了多幕话剧《春雨》。该剧讲述的是一个叫金秀莲的农村妇女，先后嫁了两次，两任丈夫都担任过生产队队长。第一任丈夫在1958年公社化"浮夸风"中，因反对说假话，被戴上"右倾机会主义分子"的帽子，开除党籍，监督劳动，他想不通，上吊自杀了。第二任丈夫是县委书记到这个队蹲点时，为全县树立的一面红旗。1968年，县委书记被打成"走资派"，他受到牵连，天天押去批斗，最后被活活折磨至死。现在金秀莲被选为新一任队长，却遭到家人的强烈反对，但她力排众议，勇敢地从苦难生活的阴影中走出来，带领社员走向新生活。

他写的这部话剧来自生活，很接地气，语言生动幽默，人物形象鲜活。当年9月，时任崇庆县文化馆群众业余创作辅导员孟超专程到隆兴，告诉他《春雨》已被选定排练，准备参加温江地区的文艺调演，并对剧本提出修改意见。

10月，《春雨》参加温江地区的文艺调演，演出效果极佳，赢得观众不断的掌声。后来，《春雨》又被推荐到省上参加汇演，获得好评，为崇庆县争得了荣誉。

三

贾承汉的祖上世代务农。早年，他父亲在成都给人做账房先生，挣下些钱，新中国成立前夕回到家乡，从别人手里买下 12 亩地，土改时被划为地主。

1957 年，贾承汉以优异成绩考入初中，在校期间参加温江地区中学生作文比赛，获得第二名。三年后，他同样以优异成绩考入崇庆中学念高中。1961 年，国家经济困难时期，学校动员农村学生返乡务农，他辍学回家当农民。在生产队，他算有文化的人，当过生产队会计，后来因成分不好被取消资格，连记分员也不让他当。他想去当兵，但因他家成分不好，政审不过关。用他的话说，他是一个"被打在棋格之外的人"。

命运从来就不眷顾他。后来，他的双手开始萎缩，指头不能弯曲，吃饭时连筷子也捏不稳。他求医寻药，但几乎没什么效果，最终落下残疾，丧失了基本的劳动能力。1974 年，在文化馆经历的事让他的内心很受伤，但也激发了他的创作激情，他不愿向命运低头，一心想在文学创作上闯出一条路来。

1987 年，他创作了独幕话剧《裂变》，并先后在双流和成都等地演出，反响很大。成都市文化局相关领导看后，认为剧本的基础很好，建议改编为现代川剧。县政协副主席孟超和曾任县川剧团导演的李争鸣加盟，将此剧改编成现代川剧《春怨》。该剧描写了一位在对越自卫反击战中牺牲的烈士的遗孀，在重新组建家庭的过程中，面临的重重阻力和各种困惑，真实反映了改革开放后，人们精神面貌的改变和农村生活的巨大变化。

1987 年，《春怨》参加四川省首届"巴蜀之花"戏剧调演活动，一举摘取了创作、表演一等奖；当年秋，该剧代表成都市参加第一届"中国艺术节"四川·贵州分会场的展演，获得四川省文化厅颁发的剧本创作一等奖，其艺术审美价值和现实意义受到充分肯定。

四

贾承汉长期住在乡下，日子一直过得很清贫。因为他的家庭出身不好，后来又双手残疾，以致终身未娶。为了生计，他一边竭力从事力所能及的田间劳作，一边笔耕不辍。他很努力，也很勤奋，常常在夜深人静时，还在灯下冥思苦想，捕捉灵感，把自己烁进了那些文字之中。

他不断有新作问世：1991—1993 年，他先后创作了喜剧小品《伤心街》、谐剧小品《扫街》和其他小品《粉子醪糟》；1996—1999年，他创作了喜剧小品《吃酒碗》《欢喜巷》，谐剧小品《壳子客》，喜剧小品《万福楼》；2006 年，他写成讽刺剧《大悲哀》；等等。

1990 年后的近 20 年，他先后为我市文化、环保、交通、税务、教育、农委、工商、水务等部门，分别创作了戏剧小品 23 个，这些剧目在参加各系统的省上会演中屡次获奖，受到好评。

他戏称自己是个文化打工匠，别人约稿，他量身定制剧本，得些微薄的润笔费，以度时日。他的这些作品，充分体现了社会主义文艺的基本性质和特征，关注人民生活，感受人民悲喜，传递人民心声，表达人民愿望，描绘人民梦想。在创作戏剧作品的同时，他还写了大量反映新时期农村生活的小说。

他的身上，真的有一种不懈追求、刻苦耐劳的文学精神。像鲁迅所说：他吃的是草，挤出来的却是奶。

五

20 世纪 80 年代，有着丰富的农村生活阅历的贾承汉萌生了写农村小说的念头，甚至名字都想好了：《醒哥》——极具川西口语特征的生动表达。1996 年，他把笔触深深扎入现实生活的土壤中，先后创作了《醒哥三题》《醒哥四题》等 7 部短篇小说，在成都群众艺术馆主办的刊物《锦江》上发表，这引起了崇州市委宣传部主办的报纸《蜀州报》主编古鸣清和编辑杨黎的注意。1998年3月5日，《蜀州报》首次在"小说看台"栏目刊登了贾承汉的《醒哥三题》中的第一个短篇小说《临时演员》。作品的连续发表令贾承汉情绪高涨，以后他又以"醒哥"为题创作了30余篇短篇小说。从2003年元月起，《蜀州报》（2004年1月改版为《今日崇州》），推出"小说连载·醒哥系列故事"栏目，先后刊登了他的近30篇作品。

1996年，贾承汉在成都群众艺术馆主办的刊物《锦江》上发表了小说《醒哥三题》

小说以一个叫酉万元，人称"醒哥"的农民为主线，串联起一个个单独的故事，描写了这个乡村小人物的风趣、狡黠，既玩世不恭，又不失正直善良，也有一些令人可笑可气甚至可恨的个性特征。作者忠实地记录下醒哥的各种际遇和喜怒哀乐，描绘了乡村生活场景和众生百态，引起人们的关注和好奇。一时间，崇州的街头巷尾、竹林村舍，几乎

贾承汉在《蜀州报》上发表的"醒哥"系列故事

有人群处都在说醒哥的故事。醒哥的故事风趣幽默，充满浓厚的生活气息，受到广大读者热捧。可以说，如果作者没有丰富的乡村生活经历，没有对农民兄弟的深挚感情，是写不出这样活色生香的文学作品的。从醒哥的身上，折射出时代的变迁，寄寓着人们对美好生活的向往和追求。

2012年11月，在中共崇州市委宣传部、文联和作协的支持

下，贾承汉的《醒哥酉万元》系列小说编印成集。这令他非常激动，他说没想到自己能出书，庆幸自己遇上了文艺繁荣的春天。这也算完成了他的一个文学梦。曾任政协文史委主任的肖岩先生在为该书写的《序言》中说：贾兄此生是不幸的，因为苦难的生活确实亏欠了他太多太多；贾兄又是万幸的，因为文学给了他超越常人的丰厚精神财富。

2015 年 6 月，崇州市人民政府授予贾承汉第二届崇州文学艺术特别贡献奖

为表彰贾承汉多年在文学创作上的坚守和努力，以及他为繁荣崇州本土文学创作所做出的积极贡献，2015 年 6 月，崇州市人民政府授予他文学艺术特别贡献奖。

2019 年 1 月 20 日，崇州市作协在严家湾召开了"贾承汉（前排右四）作品分享会"

2018 年 12 月 1 日，在崇州市融媒体中心工作，且对文学创作非常热心的尹君关注到贾承汉文学作品的文学价值和现实价值，专门在观胜镇严家湾设立了"贾承汉文学馆"，收集、整理、研究他的文学作品，从中寻找时代变迁的细节与记忆。2019 年 1 月 20 日，崇州市作协在严家湾召开了"贾承汉作品分享会"，与会人员都表达了对这位乡土作家的尊重和敬意。

这一切将永远载入崇州的文化史。

六

2019 年正月还没过完，空气中还弥漫着些许节日的气氛。

一天，突然听说贾承汉已经逝去。这消息我还是从微信朋友圈获悉的，当时心里顿感一片悲凉。之前，听说他重病住院，我和江维约好一起去医院看他，结果，江维一个人去了。他见了江维，满面是泪，挣扎着想从床上坐起，说了这么一句话：难道一辈子就才一个朋友？

这简直就是一种"天问"，为此，我深感内疚不安！

后来，听说他拒绝配合治疗，把输液的针头拔掉，于2019年2月25日去世。大约病痛的折磨，使他对人生感到彻底的绝望，更有一种不屈与愤懑。但他对自己的坎坷命运似乎又是浑然不觉的，只顾埋着头，缩着身，一心一意在文学的田园里辛勤耕耘。孤独和寂寞，一直陪伴着他走到人生的尽头。或许，当知道自己将要和这个世界作别时，他突然悟到什么，还有许多话要说，但是我们再也听不到，也猜不到了。

他的离去，令人惋惜。崇州市作协会员冯平光先生写了一首诗，其中一句"自是人间劳苦甚，泥梨莫再惹阎罗"，表达了对他人生际遇的叹息和对他的缅怀之情。

"雉雏麦苗秀，蚕眠桑叶稀。"春天来了，川西坝子又迎来一年中最美的季节，市上举办的第七届自驾赏花节刚刚开幕，乡里游人如织。在田埂边行走，麦苗青青，菜花金黄，远处传来野鸡的欢叫声，一切让人那样神往、沉醉。这一切，他贾承汉曾是那样的熟悉和热爱，可是现在他什么也看不到，什么也听不到了。

生活还在继续，朝着它应有的方向。在时间的长河中，人的一生何其的短暂，似乎一切才刚刚开始，什么也来不及留下就仓促而逝。其间，有多少人能够像贾承汉那样，在艰难困苦中玉汝于成，让自己的生命发出一些光亮呢？

祁翔翎先生其人其事

施廷俊

一

20 世纪 80 年代初，国内各级文艺团体纷纷恢复建制、登记会员、开展工作。1981 年 4 月，中国书法家协会四川分会（简称"省书协"）在成都成立，当年崇庆县籍书法家在省书协注册登记的，祁翔翎先生是第一个。他的省书协会员编号为 0181，颁证时间为 1983 年 6 月。

祁翔翎（1925—1983），学名祁祥麟，崇庆县城关镇（今崇阳街道）人，曾执教于崇庆中学（简称"崇一中"）。祁先生自幼聪颖敏捷，

祁翔翎老师

才智过人，刻苦向学，爱好书法及诗文创作。也许，今天崇州的年轻人大多不知道祁翔翎先生为何许人也，但对于崇州市 70 岁以上的城关镇居民和他所在学校的师生而言，祁先生的大名却如雷贯耳！当时，他是崇一中鼎鼎大名的语文老师，以授课生动形象、语言丰富著称。在当时崇庆县的书法界，他的字颇有名气。县城内下南街、南米市等街道都有他书写的店铺招牌。我还记得

南米市中段西边一个叫"邓森号"的店铺招牌就是祁先生用篆体字书写的，字体苍劲奔放，雄浑豪迈，略带金石味。那个"鄧"字的"阝"旁，他写的是"邑"字，我们不认识，说是"邓森号"，其实也是蒙的。可惜今天这些匾额都不复存在了。街子古镇原来的"味江渡槽"这几个字也是他的书法遗迹。

当年，我读小学、初中时，常在东学街、小东街的"红栅子"见到祁先生，他胸前佩戴着崇庆中学白底红字校徽，气宇轩昂。学生们见到他自然是要礼貌地立正、敬礼，称一声"祁老师好"。他不一定清楚每个学生娃儿姓甚名谁，我们对他却印象深刻。

虽然年少的我心里一直景仰祁先生，希望成为他的学生，但1965年夏我从城关初级中学毕业后，参加高中升学考试成绩不错，却因种种原因未被崇庆中学录取，终生遗憾。但此前，我曾有幸亲炙祁先生的教诲。

1955年9月，我在东学街上小学，班主任周笑川[①]老师正是祁先生的夫人。1958年"大跃进"，学校响应号召参加各种运动，对小学生而言，一切都很新鲜，课堂上不大认真学习，周老师常因同学们调皮而生气甚至生病，常把包括我在内的十来个淘气的男生，带到她家的后院里站成一排，让祁翔翎先生来管教我们，接受"单锅小炒"。祁先生对我们毫不手软，常常是罚站、背书、做作业。我至今还记得，有一次，一个被罚站的同学嘴里嘟囔着："你又不是我们老师，那么歪（严厉）干什么？"祁先生微微一笑，说："问得好，有进步。"马上用手将胸前佩戴的崇庆中学校徽朝我们一扬，说："凭啥子？就凭这个！我，崇一中，崇庆县最高学府的老师，随便哪个学校的学生都能管，也有责任管。管你们，是为你们好，将来你们会感激我的！"还有一次被留下来的调皮蛋们要"人人过关"，有同学装怪，不听话，甚至痛哭流涕，祁先生笑骂道："咋啦，连这点批评都受不了，怎么能认识自己的缺点错误，更何况进步呢？"

1967年，我参加工作不久，随单位迁至温江三渡水修建岷江大桥。当时车辆和行人过三渡水都要乘渡船，那段时间，在大桥工地上常会遇见崇庆、大邑上成都、温江反映情况，要求落实政策的红卫兵、知识分子。在人群中我曾遇见行色匆匆的祁先生，那时他刚过不惑之年，身体健壮，步履稳健。但也许是在运动中遭到冲击，境遇不好，加之长途跋涉，他的面色憔悴。每次遇见他，我都要站直身体，主动招呼："祁老师好！"然后搭讪着陪他走几步。我和他第一次在大桥工地上见面分手后，与他同行的崇一中老师问："那是谁？"他回答："崇中校以前的学生。"另一人说："他怎么没招呼我们呢？"我突然有点自得，我在祁先生眼里当了一回"崇一中学生"！

这些只是我对祁翔翎先生的一些零星而模糊的印象。后来，通过多次走访祁先生的至亲、好友和学生，咨询本邑地方文史界的资深人士，查询相关档案、资料，他的形象和人生轨迹才在我脑海里愈加丰满、清晰起来。

二

民国三十五年（1946）春，著名历史学家李源澄先生在灌县（今都江堰市）创建灵岩书院，每期招收学生二十人左右，并在成都办有暑期班。来讲学的多为当时国内文史哲界著名的代表人物，如唐君毅、傅平骧、牟宗三、张圣奘、钱穆等。崇州籍蜀中大儒彭芸生也曾执教于此，堪称名流汇集，文风鼎盛，誉满川西。据王德宗先生回忆，经彭芸生推荐，灵岩书院第一期学生中，崇庆县有王德宗、钟元灵、李绍修三人。据祁翔翎先生的弟弟祁连休[②]先生回忆，大约在1947年，祁翔翎先生从成都建国中学高中毕业后，到灵岩书院求学。因为这层关系，他曾帮当时在崇一中当语文老师的钟元灵代过课。1948—1952年，他相继在辰居路小学和隆兴小学任教，1953年调到崇一中教初中语文，1957年后教高中。当时，学生们常见他非常谦逊有礼地跟随在语文教研组组长、川大中文系毕业的杨永廉老师左右，请教、切磋课程设计和教学方法，二人形同师徒。

祁先生博闻强记，学识渊博，谈吐幽默风趣。他非常热爱教育工作，最为人称道的是他别具一格的教学风格。一位崇一中高60级的学生说，祁先生的古文讲得非常好，常在课堂上模仿古人摇头晃脑地唱读，给学生示范古风遗韵。至今他还记得上欧阳修的《醉翁亭记》一课时，祁老师讲得津津有味，把山林之美、旅游之乐带到了课堂上，使学生们陶醉于欧阳修的文章之美，体会到大自然的魅力。他对教学很认真，教柳宗元的《捕蛇者说》一文，讲到"然得而腊之以为饵"一句时，特别强调"腊"的读音是 xī，在这里作动词用，是指把蛇肉晾干，而不能读成"腊肉的腊"，给学生留下深刻的印象。讲评学生作文时，他严肃地批评有的学生故弄玄虚，用词生僻晦涩，没有思想性的"假大空"文风。一位高64级的学生记得他给学生们讲修辞时，风趣地说"牛吃草，牛在河边吃草，牛在河边吃青青的草，牛在河边吃青青的嫩草"，给同学们留下深刻印象，一下子就明白了修辞对文章生动性的重要作用……

祁翔翎先生爱好广泛，在成都读书期间，他对四川著名学者赵熙的书法艺术非常欣赏，并深受其影响。祁先生行书点画的粗细、墨色的浓淡，布局的疏密、结构的正斜，一任自然，形成一种随意赋形、

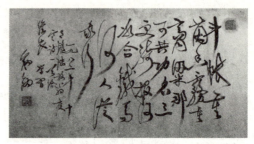

1981 年 10 月，祁翔翎老师录放翁《夜寒》诗给小儿子祁维农学习

随形就势的特点。整体来看，他的书法兼采众长，自成一派，不落窠臼，峭拔雄浑，笔力老道，具有"镂金错采"之美，而被人称为"祁派字"。他还是崇庆县最早的集邮爱好者之一。大约是1948 年，崇庆县集邮爱好者在上南街县参议会举办首次集邮展览，祁先生参展的邮票有清代和民国时期的中国邮票，还有美国、苏联和非洲的邮票，古今中外的都有。邮展开办后不久，展

厅就失火，县参议会被烧成了光坝坝，遗憾的是他的邮票虽躲过了火劫，却在后来的运动中被抄没了。

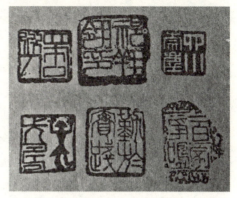

祁先生不仅学养丰厚，而且热心公益事业。1950年，在罨画池公园陈列室旁边的办公室里，他曾给说评书的、打金钱板的民间艺人们讲课，帮艺人们改稿子，提升他们的文化水平和创作能力。据

祁翔翎老师自己雕刻的印章，从上到下，从左至右：蜀州人、祁翔翎印、四川崇庆、人长寿、勤于实践、百家争鸣

祁连休先生回忆，1982年他们兄弟两人相会于北京，曾谈及全面抗战期间，著名历史学家胡厚宣（后任中国社科院历史研究所研究员）在成都时，欣赏其兄才气，曾要他跟着自己学习考古。后来祁先生因故没去成，很是遗憾。

祁先生的小儿子祁维农从崇州市档案馆查找到了父亲的个人档案，从中可以看出，20世纪50年代初期，他曾积极参与、协助四川省文物委员会文物第一调查小组对崇庆县辖区

1951年，祁翔翎老师受县政府委派考察净土寺文物古迹情况而撰写的调查报告

内的文物开展普查工作。1951年12月，祁翔翎先生任教隆兴小学时，曾受县政府委派考察第五区崇德乡净土寺③文物古迹情况，在对该寺的四大金刚殿明碑、古佛殿壁画、川王殿所绘门神和佛座石墩图案、雕工详加考察后，他用极具特色的小楷手写了一份"为会（汇）报考察第五区净土寺文物古迹仰祈鉴核备查由"的调查报告提交县政府。在这份报告中，他指出："该寺是明成祖永乐壬辰年由西僧普达舍耶创建的"，寺中文物"均应加以爱

护"。从这些仅存的资料来看，祁先生对本县文物的殷殷爱护之情，以及对保护文物所做的努力，都值得后人敬仰和铭记。

1954 年 10 月，在周恩来总理的提议下，国家设立"中国文字改革委员会"（简称文改会）。当年 10 月，教育部和文改会联合召开了全国文字改革会议。文改会于 1955 年 2 月成立了拼音方案委员会，拟定拉丁字母式的拼音方案初稿，经修订后，于 1956 年 2 月 12 日发表了《汉语拼音方案》，征求各方面的意见。许多省（市、自治区）以及相关部门都组织了座谈会、讨论会，许多刊物也发表了讨论文章。同年 10 月，国务院设立汉语拼音方案审订委员会进行审议，并于 1957 年 10 月提出了《汉语拼音修正草案》。其间，十分擅长书法且关注汉字简化工作的祁翔翎先生就文字改革问题提出六条建议，直接写信寄给周恩来总理。周总理批复后转交给四川省教育厅，省教育厅又将此信寄给了祁翔翎先生。据祁维农回忆，他小时候曾见过周总理的批复信，好像采纳了祁先生提出的六条建议中的两条。可惜这封珍贵的信件，因祁先生在后来的运动中受到冲击而遗失，令人遗憾！

三

祁先生夫妇都是教师，育有四子一女，虽有固定收入，但维持一家七口的生活，也时常拮据。1960 年初，祁先生曾在家里开书画铺，收售字画、古董，以维持家庭生计。

1961 年 12 月，毛泽东主席借用陆游的原调原题创作了《卜算子·咏梅》一词，1963 年 12 月人民文学出版社出版的《毛主席诗词》收录了这首词。祁翔翎先生读后诗兴大发，遂以人民公园（今罨画池公园）为背景，以"歌颂大好形势、赞美毛主席咏梅词"为主题，写了一副对联：

江山如画，画本翻新，罨画池边歌大有；
冰雪虐梅，梅花何愁，问梅山馆笑放翁。

上联借公园之美景歌颂江山之美、太平盛世及毛主席的丰功伟绩；下联借问梅山馆笑陆游之咏梅词，赞美毛主席的咏梅词。这本属于顺应当时潮流的作品。其中，"大有"一词，源于《易·大有》，《易·序卦》曰："与人同者，物必归焉，故受之以《大有》。"因此，历来都用于对至高无上者的赞颂。后来，他将对联写成书法作品装裱后，寄给了毛主席。当时中央办公厅给他写了回信，大意是寄给毛主席的作品收到，表示感谢云云。可惜，此信也在"文化大革命"中遗失。

这副对联发表不久，有人借题发挥，无限上纲，说上联中的"大有"，表面上是歌唱丰年，实际上是拿古代君王来"影射"伟大领袖，是"恶毒攻击"……"文化大革命"初期，祁先生被打成"牛鬼蛇神"，从此在劫难逃，屡屡被批斗。有一天，他终于不堪忍受，连夜从后门越墙逃到外地，被学生收留保护。这也是 1967—1968 年间笔者常在三渡水遇见祁先生去温江、成都反映情况，要求落实政策的原因。

1970 年 8 月起，崇一中教师纷纷被下放到各公社帮助当地创建初级中学并任教，祁先生被剥夺任教的权利，下放到怀远中学"五七"农场接受改造。1974 年 4 月 18 日，崇庆县革委会给他下达平反通知，之后安排他到崇庆县怀远中学任教，直至 1979 年 9 月从该校退休。

退休后，随着知识分子政策的落实，乐观豁达的祁先生一如既往地在教书育人和社会公益活动方面倾注热情。听一个与我当年一样，因为是周笑川老师的学生而有幸受过祁先生教诲的学生讲，当年她小学毕业前的一学期，几乎每天放学后，周老师都要组织班上成绩较好、有希望考上崇一中的学生到自家小院里补课，却从未收取一分钱的报酬。练习的试卷是祁先生亲自手刻蜡纸油印的，有时他还会亲自给他们上课，毫无保留地耐心教导，循循善诱。她记得自己写"武"字老是多加一撇，祁先生边改边说，"武人不带刀，带刀没本事"，这让她铭记在心，从此再也没写错过。祁先生教词性、语法的口诀："名动形、数量代、副介连助叹，主谓宾、定状补，句子成分划清楚"，让学生好学好懂好记，一目了然，从而打下坚实的语法基础。

据当年任城关镇团委书记的宋安全先生回忆，为了筹建崇庆县"青少年之家"，城关镇党委聘请了祁翔翎、郭本荣、汪世铸三位在文学、音乐、书画方面出类拔萃的知名退休教师为顾问，义务服务，参与其美化、布置工作，祁先生为"青少年之家"书写了牌匾、对联，而宋安全先生也因此与祁先生成为

1981年6月1日，祁翔翎（后排左三）、郭本荣、汪世铸等与"青少年之家"顾问、辅导员合影

忘年交。1979年，崇庆县"青少年之家"在人民公园文庙前的戟门挂牌成立了，青少年多了一个校外学习、娱乐、活动的场所。在这里，祁先生用通俗易懂的形式给孩子们讲唐诗宋词。他给年轻人讲书法的结构规律，要求初学者仔细观察每个字的字形、写法，从笔画的神采中领悟其精神气质，使人茅塞顿开，受益匪浅。那时，国家拨乱反正，各行各业急需大量人才，县工会举办的夜校班，请祁先生教语文；省税校开办的书法培训班也请他去上课，为培养人才奉献余热……

1981年初，为了让青少年领略书画艺术的魅力，丰富课外生活，也为了了却祁先生一生的心愿，崇阳镇以"青少年之家"的名义，在文庙大成殿举办了为期七天的"祁翔翎先生个人书法展"，展出了一百多幅精美作品。展出期间，他很认真地为参观者讲解每幅作品背后耐人寻味的故事，深受市民的喜爱和好评。我也去现场观摩，见到祁先生自然上前请安，他一时没认出我是谁，我也不好意思主动介绍，没想到那次竟是与祁先生最后一次见面。他的家人将那次展览的作品和一篇他自拟的"作者简介"一直珍藏至今，原文如下：

祁翔翎，本名祥麟，自号香林、沙摩者，1925 年生于四川崇庆，幼而好书，及长，又大量搜集碑帖、金石、文物、字画、邮票等；并从而深入钻研金石、碑帖，磨石执刀，濡墨握管，努力不懈。故其书上至甲骨，下及板桥，或篆或隶，或草或楷，无不涉尝而专心学习。因此功力既厚又兼采众长，致冶精英于一炉，鼎众胹而成独味。继承发展，勇于创新。

退休后，心恬意适，更有充裕时间临池抄练。近年，又潜修日本现代"少字数"书法，从借鉴中加以发挥。其特征是用国画大写意之笔意书写汉字，使书画归源；或一幅之中，有篆有草，以反映作者书写心情及乐观性情。对所写之字，务必于空白处加以题志，以点明书写之中心思想。最后是按中国传统的书写方式盖印。这些，都是与日本现代"少字数"书法相异之处。

作者自己所用之印，全系自刻，故其字、其记、其印，均为众喜爱。议者以为：三者一人，洵非易也。

从以上文字可见祁先生深厚的国学功底和自信。他不仅擅长书法，在金石、文物、篆刻方面也颇有研究。1982 年，他们夫妇到北京小住，曾去中国美术馆参观日本书法展。他对日本的"少字数"书法大加赞赏，之后他在这方面既有潜修借鉴，也有发挥创新。张伯龄先生总纂的增订版《崇庆县志》第二十六篇"书法"一节曾对祁先生举办个人书法展，"曾被邀请为《甘肃文艺》刊物题写刊名"等韵事均有记载，由此可以想见他当年精湛的书法功底。祁先生的书法功力绝非一蹴而就的，须日日临池，贵在有恒，可见先生对书法的钟爱和勤勉。

1983 年 4 月，祁翔翎先生因病去世。他曾任教的崇庆中学、怀远中学负责人和生前好友组成治丧委员会，大家推荐时任崇阳镇人民政府第一届副镇长宋安全先生担任治丧委员会主任，为祁先生举行了俭朴隆重的丧礼。当时，崇庆县的文化人都说这是给知识分子的礼遇。

祁先生离开我们已 36 年了，但他的学养才华，乐观豁达的人格魅力，他对学生孜孜不倦的教诲与培养的身影永远留在人们的心中。

【作者简介】施廷俊，男，1948年生，崇州市崇阳镇人。都江堰市教师进修学校退休教师。

注：

①周笑川（1929—）：崇庆县东学街小学（今实验小学）知名教师，1979年被温江行署评为"模范教师"。

②祁连休（1937—）：原名祁瑞麟，民间文艺学家。1955年夏考入四川大学中文系，1959年毕业后分配至中国科学院哲学社会科学部（中国社会科学院之前身）文学研究所工作，现为中国社会科学院文学研究所研究员、民间文学研究室主任。

③净土寺：据罗元黼纂修之民国《崇庆县志》记载，该寺始建于明朝永乐之前，庙基120亩（相当于现罨画池公园的两倍多），殿宇十余幢，为当时崇庆州境内的第一名刹。因香火鼎盛，人流量大，寺周遂于清乾隆年间形成太平场集市。

乡村记忆

隆兴石马村郑氏家谱简述

郑兴贵 口述　肖岩 整理

崇州市隆兴镇郑氏家族，自清初启祖公郑应华从湖北麻城孝感乡入川，迁至崇庆州南三甲石龙寺（又名王庵子，地处今崇州市隆兴镇石马村）落户，垦荒种地，至今已有260多个春秋。郑氏族人按照"应仕万洪文，国相廷堂锡，绍兴怀嘉玉，荣开吉庆昌"排行，如今已有玉

崇州市隆兴镇石马村"启祖公郑应华"墓碑和铭文，清咸丰三年（1853）仲冬月朔八日立，儒学生员宋道昌题

字辈（第十五代）的子孙了，丁口逾千，从事农、工、商、学、兵等各行各业。绝大多数族人在启祖公落户时的石马村（原禹王村）东南部聚居耕读，形成三个大林盘，只有少数族人散居在崇州燎原乡、桤泉镇，大邑晋原和成都等地。

隆兴郑氏不忘祖宗恩德和宗族情谊，2010年4月5日，郑氏

族人在祖籍地重启停办了 60 余年的清明会，从各地前来赴会祭祖者达 400 余人。笔者赴会祭祖时，走访各房长辈，与各位族叔、同辈畅谈叙旧，遂萌生了梳理郑氏支脉，记录先祖史事的念头，以便后人知世系、明辈分、别长幼、增亲情，为今后续修谱牒提供依据。笔者在族人的大力支持下，耗时两年撰成《崇州郑氏族谱》，并根据文献资料和口述史料绘制了郑氏祖居图和墓园位置图。需要说明的是，《崇州郑氏族谱》并非崇州郑氏总谱或通谱，而只是隆兴镇石马村启祖公郑应华一脉的族谱。

由于未能找到郑氏老族谱，没有应华公入川前的先祖根源、原乡世系，以及入川后的历代先祖繁衍生息、生平传记、族规家训等的文字材料，更遑论族中的乡绅仕宦、名贤艺作、英烈事迹了。笔者编制的郑氏世系表主要有三个依据：一是清代所立一世祖应华公、六世祖国喜公、六世妣许氏、七世妣徐氏的四通墓碑；三通

迄今残存的三通古墓碑，有六世祖郑国喜、六世妣戴氏墓碑，立碑时间：清咸丰三年(1853)季冬月望五日；六世妣许老太君墓碑，立碑时间：清光绪十三年(1887)季冬月十五日；七世妣徐氏老孺人墓碑，立碑时间：清同治三年(1864)十二月二十八日

刻有历代先祖名讳的石碑（下文简称"老名讳碑"）和 2010 年清明节后新增的四通刻有第九至第十三世先祖名讳的石碑（下文简称"新名讳碑"）；族弟兴和家保存的八世祖廷光公墓碑碑文、笔者祖父十世祖锡嘏公墓碑碑文；二是族叔绍文家、绍恒家和族兄兴田家在民国时期先后编写的"经单簿"（也称"袱单子"）；三是第十一代叔伯辈绍文、绍全、绍成、绍富、绍舟、绍忠、绍福和第十二代同族兄弟兴树、兴云、兴财、兴安、兴和等人的口述史料。

根据以上资料，笔者基本梳理出了郑氏启祖应华公入川定居

创业及后裔的繁衍情况。

川西平原气候温润、土地肥沃、物产丰富、水旱从人，号称"天府之国"，是历朝粮赋的主要征收地之一。明末清初，川西平原战乱频仍，经历了半个世纪的浩劫，尸横遍野，瘟疫流行，耕地荒芜，座座城池化为废墟，人口锐减。据史料记载，顺治四年（1647）清军入成都时，尚有"残民千家"，到康熙三年（1664）仅剩遗民"数百家"，"城郭鞠为荒莽，庐舍荡若丘墟；百里断炊烟，四郊枯茂草"①。崇庆州在康熙六年（1667）仅余133丁。如此残山剩水，粮赋何来？在清廷的大力倡导下，开始了旷日持久的"湖广填四川"运动，移民人数达百余万人。他们手里擎着"奉旨填川"的旗幡，怀揣着过关路牌，奉祖骨，怀族谱，扶老携幼，历尽千山万水来到蜀中。启祖应华公落担崇庆州后，披荆斩棘，插占土地，垦荒耕种，白手兴家。经过数十年的艰苦创业，逐渐建起了新的家园，繁衍生息。郑氏后人世代口耳相传的一首歌谣，生动地描述了当年先祖迁川落业的情形：

吾祖挈家西徙去，途经孝感又汉江。
辗转跋涉三千里，插占为业垦大荒。
被薄衣单盐一两，半袋干粮半袋糠。
汗湿黄土十年后，鸡鸣犬吠谷满仓。

这首歌谣也是百万移民填川创业的艰辛写照。

启祖公入川时，在隆兴乡石马村东南边的一个古村寨遗址上插占落户。这是一座高出四周约一米的四边形坡地，启祖公，二世祖仕贤公，三世祖万盛公，四世祖洪德公，五世祖文学、文耀、文宗三公及其后裔等，先后在西寨垣北段居住；二世祖仕义、仕孝两公及其后裔在东寨垣居住。据传，二世祖仕义公无嗣，宅基地荒废。仕义公故宅南侧有一颓寺，名石龙寺，郑氏与王姓联姻的第三、四代祖公曾集资在颓寺旧址上重修了王家庵，庵内精塑观音、三婆娘娘等十余尊佛像，有积德行善、求子求福之意。王家庵建成后，族人曾在庙西 200 米的寨垣处砌起化铁炉，为家庙浇铸铁佛、大钟和吊磬等物件，后来将铁渣等残余物一并垒土埋葬，形成一个被称为"铁坟"的巨大土堆，高达 10 米，径围 20 余米。20 世纪 80 年代，族弟兴忠曾在土堆北沿下挖出一个很大的布满铁锈的棕褐色环形物，我曾求教在紫竹村遗址进行考古发掘的中国社科院考古所叶茂林教授和成都考古队的李明斌先生，两位专家鉴别后认定为"炼铁炉壁"。

寨垣四周每边长约 300 米，均为郑氏历代祖坟墓园。绝大多数郑氏先祖死后葬于此，只有极个别的埋在别处，如七世祖相伟公四个儿子的祖坟在隆兴丰乐桥。由于年湮代远，特别是在 20 世纪的时代变革中，不少祖墓已半毁半存，墓碑被拆去修水电厂和打米坊了。所幸的是，启祖公的墓碑尚存，但碑阴的阴刻小楷铭文已漫漶残缺，仅能辨出"湖广"、"南三甲"、石龙寺的"石"、冬月的"冬"等少数几字了，启祖公当年入川落户创业的诸多事迹今已无从稽考。笔者年少时常到祖坟园敬香祭拜，也曾在此打柴、放牛、捡菌子，至今仍记得当年三世祖万盛公的墓碑气势恢宏、高耸挺立；四世祖洪德公的墓冢径达十余米，大如山丘；五世祖文学、文耀、文宗三公的坟墓均占地阔大；六世祖国喜公墓碑精塑彩顶，翘角凌空，高约一丈，气势非凡……可见郑氏家族发展到第四、五、六、七世祖时，已家境殷实、人丁兴旺了。

民国初年，郑氏后人在北寨垣正中距应华公墓地北 200 米处修建了一座青砖瓦面的四合院祠堂，占地约 0.6 亩，坐北朝南。1951 年土改时，祠堂被一分为二，左厢房分给贫农郑锡舟居住，右厢房分给在全面抗战期间因修建王场机场而被征地搬迁到隆兴高塔村落户的

图中七通碑刻，中间三通为载有郑氏第一代至第八代先祖名讳的石碑，其余四通为 2010 年清明后新增的第九至第十三代先祖的名讳碑

余敬湖。20世纪90年代，锡舟后人拆掉左厢房，搬出去另建新居，余氏后人仍住在右厢房中。现存的三通老名讳碑上共记载了201位祖公的名号，其中列入世系表的有54位，尚有147位祖公因不能确考其支脉、后嗣而未能列入，包括8位四世祖、11位五世祖、21位六世祖、40位七世祖、49位八世祖、12位九世祖、6位十世祖。增补的四通新名讳碑共刻录第九至十三代117位先祖姓名，待后世修谱时再列入世系表。

开基祖应华公入川创业，远世诸公兴家立业、丕振家声的事迹，族谱应有记载，只是风云变幻，时代变迁，已无法找到了。笔者从郑氏耄耋长辈中访得近世诸公耕读传家，从事木、泥、篾、纺、织、染、铜、铁、石诸业，通过自己的艰辛劳作，交纳朝廷粮赋，解决温饱问题，并逐渐壮大发展的一些轶闻趣事。

先说"堂"字辈九世祖。

映堂、礼堂、清堂三公是六世祖国喜公后裔八世祖廷銮之子。三公曾教书课子，被兴字辈族人分别尊称为"先生大老祖""先生二老祖""先生三老祖"。三公后代也是晴耕雨读，诗书传家，既通文墨，又持家有方。十世祖锡治家有良田六十多亩，房屋宽敞，树多林广，家境富裕；锡霖、锡芳、锡培、锡臣、锡模等也各有田数十亩不等，勤劳致富，人丁兴旺。

国安公后裔、八世祖廷瑞之子也叫清堂，号兰亭，在大邑灌口场川王宫出家。他曾在灌口原煤、焦煤交易市场担任司秤多年，积累了一笔可观的收入，遂在隆兴乡与中和乡交界的高枧（老地名）买了十数亩田产。民国初年，族人修建郑氏祠堂时，他捐献了总费用一半的资金。祠堂落成后，川王宫赠送了一块镌刻着"一脉渊源"四个大字的巨匾，挂在祠堂正堂上。

升堂公（国印公后裔），常年习武，体魄健壮。升堂公应试武举，合格后，在崇庆州城内表演武艺，挥舞近百斤重的关刀，耍遍通城不累不喘。考官恭贺他说："升堂君，恭喜你有喜呀！"升堂公将考官说的"有喜"误听成"有屎"，冲口而出："有屎嘛在茅坑头！"考官便以为他装怪发牢骚，取消了他的录取资格。

他当年习武用过的石锁至今尚在他曾孙的房檐下，惜被当作磨刀石了。

八世祖廷兴公之子□堂公，号益山（以号行世），高大魁梧，被兴字辈族人称为"牛大老祖"。他农忙时耕种，农闲时当木工，做枋子（棺材）。民国时期，他曾当过守护队队员和保安队副队长，自愿从军后，再无音信，下落不明。因其在崇州没有后人，故多方打听都不知其名讳。

次说"锡"字辈十世祖。

锡芝公（八世祖廷光公之孙），在全面抗战期间，收取了绍云公一窝仔猪和一只鹅的报酬，顶替绍云公充丁，当兵"吃粮"去了。后来，他成为远征军空军空勤兵，因飞机失事在缅甸殉职，为国捐躯。其子绍金曾在隆兴乡乡公所领取过三年的抚恤金，每年12石米。后来，因藏在泥砖墙内的烈士证书被老鼠咬坏，就未继续领取抚恤金了。

锡福公（八世祖廷有公之孙）家境较好，有二十余亩耕田。他家独居的小青瓦四合院建在"铁坟"南百余米处的一大土墩上，房舍宽敞，天井开阔，院外遍植竹木花草。锡福公性格开朗，颇有雅兴，初通文墨、戏剧，早年还购置有戏服、道具，随剧团下乡，高兴时就粉墨登场唱川剧，被兴字辈后人称为"欢喜大老爷"。

锡伟公（国顺公后裔），号泽民，1952年曾任禹王村互助组组长。因他所在的组庄稼长势好、产量高，被评为"模范互助组"，与马墩村"杨海洲互助组"一起远近扬名，多次受到上级表彰，还获得过农具、种子等奖品。

锡树公（国顺公后裔），号兴隆，锡传公之兄。锡树公农闲时兼做铜匠手艺，被兴字辈后人称为"铜匠大老爷"。因为技艺高超，远近闻名，他制作的铜具畅销崇庆、大邑两县。20世纪50~70年代，他成为安仁镇手工联社成员，在吉祥街开铜匠铺，制作铜、铁炊具售卖。后年迈回乡，病逝。

锡钟公（国喜公后裔），号名阁，家有耕地四十多亩，为人热情、大方，乐于助人，常给村里的巡夜人准备酒肉饭菜，受人尊敬。

再说"绍"字辈第十一代。

绍宗叔（国喜公后裔），1958 年被招收到国营会理县镍矿厂工作，曾任冶炼厂转炉班班长，不幸于 20 世纪 80 年代因工伤亡故，家属受到抚恤。

绍奇伯（国安公后裔），家境贫寒，童年随母从事缝纫，为乡亲制作衣服。1955 年参军后进入空军部队，1959 年调驻成都国营 719 厂任军代表，上尉军衔。后转业到成都国营 784 厂，任生产计划处处长兼党总支书记。

家父绍基公（国印公后裔），号洪发，少时读书不到半年，写字都困难。成年后从本地挑菜油经邛崃、雅安到康定等地贩卖，从中赚取差价。后改行当厨师，操办红白喜事酒席。民国后期，他曾担任万成堰管事和深溪堰堰长。1950—1953 年，曾任隆兴乡水利委员，管理全乡的水利工作。

绍轩叔（国喜公后裔），号卓章，1950—1953 年曾任禹王村村长。

绍文叔（国安公后裔），名道显，曾就学于崇庆中学初 35 班，为躲避地方恶霸追杀，随母姓，改名王荫祠。1950 年参军，在南京炮兵文化学校进修，在部队期间曾立三等功。1963 年转业到大邑县商业局，多次出席县、地、市先进工作者大会。通文墨，长于诗、书、画，是中华对联文化研究院成员、四川省诗词学会会员，其作品多次获奖。

绍舟叔（国顺公后裔），1969 年担任隆兴公社②四大队六队队长，1972 年任四大队党支部副书记兼民兵连连长，在"农业学大寨"运动中表现积极，受到县里表彰，获得过一头大水牛的奖励；1973 年任隆兴公社党委副书记等职务。

最后说"兴"字辈第十二代。

族弟兴廷（国印公后裔绍金之子），以农耕为生，农闲时随父染布，补贴家用。1953—1957 年任禹王村村长期间，曾带领村民毁坟开荒。

　　我是国印公后裔绍基之子，1965 年从成都工学院（成都科技大学前身）冶金专业毕业，分配到成都电冶厂从事镍钴冶金技术工作，1988 年晋升为高级工程师，曾任技术部副主任。

　　中华民族源远流长，修家谱是为了慎终追远，传承优良家风。尽管我年事已高，心余力绌，但仍抱病坚持撰成这本简略的家谱，以供后人寻根溯源，匡误补漏，这也是我口述此文的初衷。

　　①康熙版《成都府志》。

　　②据《崇庆县志》（1911—1985）（四川人民出版社增订版，2015 年版）载：1958 年废除乡村组建置，隆兴公社是全县成立的 25 个公社之一。

从百年老手艺到国家级非遗

赵思进 丁志云 丁春梅等 口述　余成茜 采访整理

中国的竹编工艺主要盛行于浙江、福建、四川、湖南、安徽、广东、云南等产竹区，以浙江、福建、云南、四川的竹编最负盛名。四川竹编主要集中在成都及川南地区，以精编细织见长，工艺精美，色彩清雅，既有实用器具，也不乏工艺佳品。其中，邛崃瓷胎竹编、崇州立体竹编、青神平面竹编、自贡竹编龚扇等展现了四川竹编的多彩风貌。

2014 年 11 月 11 日，国务院正式发文公布崇州市"道明竹编"被列入第四批国家级非物质文化遗产（简称"非遗"）第七大类"传统美术"竹编类代表性项目名录（序号 314 号，项目号：Ⅶ-51），这是崇州市历史上第一个被列入国家级非遗代表性项目名录的传统手艺。

2014 年 11 月 11 日，国务院正式发文公布崇州市"道明竹编"被列入第四批国家级非物质文化遗产第七大类"传统美术"竹编类代表性项目名录

竹影婆娑　家家户户编花篼

道明镇位于崇州市西北部，面积约 36 平方公里，辖东岳社区

（涉农）、白塔路社区（场镇街道）和龙黄、顺交、双杨、升平、永乐、天水、四河、斜阳、红旗、三龙等十个行政村，地处无根山丘坝交界地带，丘、坝约各占一半，丘陵区海拔六七百米，峰平坡缓。这里常年气候温和，四季分明。西河、桤木河流经域内，植被茂密，盛产慈竹、白葭竹、斑竹，均为上好的竹编原料。

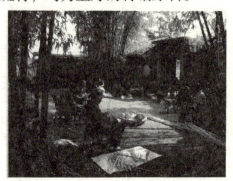

家家户户编花篼

道明竹编已有两千多年的历史。据《华阳国志》记载，早在秦朝，当地百姓就已开始种竹，用竹丝扭绳作架，编壁造屋，筑篱栏舍，织背篼、撮箕、挑筐等农具。南宋爱国诗人陆游任蜀州通判时，在道明白塔禅院写下"冷翠千竿玉，浮岚万幅屏"的诗句，描绘了竹影婆娑的美景。清代崇庆竹编箩、筛、簸、箕、席、笼、笆等产品销往邻近诸县，素篼、花篼、挑篼、晒席、筲箕、棚笆、斗笠等驰名省内，竹编儿童玩具还曾获四川省劝业会一等奖。民国《崇庆县志》载："（道明）所作竹器最繁，夙称优美。"千百年来，这里的人们依竹而居，削竹为器，一派"山上清泉山下流，家家户户编花篼"的景象。

早期道明竹编以粗篾编织日常生产生活竹器为主，新中国成立初期，细编逐渐普及，篾匠们将实用性和审美性结合起来，所编竹器颇具装饰功能。如今，匠人们巧手创新，发展出篼、篮、盘、碗、瓶、盒、灯、字画、茶具等数十个大类、上千个花色品种的立体竹编、平面竹编和瓷胎竹编。

20世纪50年代初，农户将编好的成品直接拿到集市上售卖，收入归自己，属于个体经营。人民公社时期，集市贸易被取消，竹编生产纳入集体经营，农户编织的竹器交由生产队统一销售，所得收入统一分配。改革开放后，道明镇建立了"川西第一竹编市场"，采取"公司＋农户"的模式，由各生产厂家和竹编户共同完成订单任务，大大提高了生产积极性。目前，道明镇有竹编协会 1 个，专业合作社 2 个，规模企业 5 家；非遗（道明竹编）代表性传承人 50 人，其中国家级传承人 1 人，省级传承人 2 人，成都市级传承人 5 人，崇州市级传承人 32 人；省级传习所 1 个，成都市级传习所 3 个；成都市级非遗传承基地学校 1 所，崇州市级非遗传承基地学校 1 所。全镇竹编从业人员达 4000 余人，2018 年竹编产值达 1.1 亿元，形成了以道明镇为中心，辐射周边济协、王场、白头、公议等乡（镇）的竹编产业片区。

代代传承　精湛技艺赢美誉

从清末至今的百余年间，道明竹编手艺代代相传，有姓名可查的有胡氏、赵氏、丁氏、陈氏、陶氏、杨氏几个家族。经查阅相关资料①，走访当地竹编艺人，其传承谱系逐渐清晰（见下表）。

道明竹编传承谱系表

代表人物	姓名	所在村组	出生年月	职称（荣誉称号）	时间
胡氏	胡长发	永乐村	1920.7	中国美术家协会会员、四川省科协竹编学会会员、工艺美术（竹编）技师	1981
	胡思礼	永乐村	1939.7	四川省外贸协会赴哥伦比亚竹编专家组组长	1984.6
	何权友	怀远镇	1964.1	崇州市道明镇精艺竹编农民专业合作社理事长	2011.5
	何崇怀	怀远镇	1990.4	崇州市级非物质文化遗产（道明竹编）代表性传承人	2018.3
赵氏	赵思进	双杨村	1935.1	第五批国家级非物质文化遗产（道明竹编）代表性传承人	2018.5
	赵晓云	双杨村	1963.1	崇州市级非物质文化遗产（道明竹编）代表性传承人	2018.3
丁氏	丁志云	永乐村	1964.7	第二批四川省级非物质文化遗产（道明竹编）代表性传承人	2013.5
	丁志伟	永乐村	1973.12	第五批成都市级非物质文化遗产（道明竹编）代表性传承人	2016.10
	丁春梅	永乐村	1986.2	第六批成都市级非物质文化遗产（道明竹编）代表性传承人	2019.3

续表

代表人物	姓名	所在村组	出生年月	职称（荣誉称号）	时间
陈氏	陈少文	永乐村	1946.9	第五批成都市级非物质文化遗产（道明竹编）代表性传承人	2016.10
陶氏	陶亭革	三龙村	1969.6	第二批四川省级非物质文化遗产（道明竹编）代表性传承人	2013.5
杨氏	杨继军	东岳社区	1922.9	崇州市继军竹制品厂创始人	1982.1
	卿玉芳	东岳社区	1964.4	第六批成都市级非物质文化遗产（道明竹编）代表性传承人	2019.3
	杨隆梅	东岳社区	1991.12	第六批成都市级非物质文化遗产（道明竹编）代表性传承人	2019.3

注：何权友、何崇怀②分别是胡思礼的女婿和外孙；丁志伟是丁志云的堂弟；卿玉芳是杨继军的儿媳。

1953年，胡长发编制的一只六层提箟经县供销合作社送北京参展后，受到好评。1956年，县手工业联社派他去温江学习解放军军帽的竹编技艺，回来后向百余名匠人传授，大家共同编织了几万顶军帽，在统一上漆后，交原成都军区后勤部。1956年，他创编的圆提箟参加全省第一次工艺美术代表大会，获得三等奖。1957年，他带领匠人们按照图样编制的工艺品送北京展览，外交部挑

2019年7月17日，作者（左一）与崇州市文化馆馆长张林伟（左二）一起到丁知竹成都文化创意有限公司采访国家级非遗代表性项目（道明竹编）代表性传承人赵思进（右一）、省级传承人丁志云（右二）和成都市级传承人丁春梅（右三）

选了一部分作为周恩来总理的外访国礼。当年7月，他作为四川工艺美术代表团成员之一到北京参加全国工艺美术代表大会，受到毛泽东主席和朱德总司令的接见，并与朱德总司令合影留念。可惜几经辗转，这张珍贵的照片没能保留下来。

1966 年初，他编的几件工艺品送美国展览。1979 年 8 月，他参加在全国政协礼堂召开的全国第二次工艺美术艺人创作设计人员代表大会，受到中央委员会主席华国锋，副主席叶剑英、邓小平、李先念等国家领导人的接见。因竹编手艺好，他被调到县竹编社工作，曾任第四届至第六届县政协委员。1981—1982 年，他成为中国美术家协会会员、四川省科协竹编学会会员；1983 年 4 月获得工艺美术（竹编）技师职称。在他的悉心指导下，儿子胡思礼青出于蓝，凭着出色的竹编手艺走出国门，传授这门技艺。

今年 84 岁高龄的赵思进师傅精神矍铄、思维清晰，谈起自己七十余年的竹编生涯，如数家珍。他祖父是酿酒的，所用竹编器具，都出自其手。他从小耳濡目染，对竹编产生了浓厚兴趣。1950 年，他中学毕业回乡后便跟着父亲及表兄罗一成学会了箢篼、筲箕、草箝等农具和提篼的编织手艺。后来，心灵手巧的他到永乐村竹编高手陈子青家做客，细心观察、偷经学艺，学会了"密折子"和"双合青"提篼的编织法。他有文化、有头脑，不仅埋头学艺，还把当时市场上的竹编品种和行情摸得一清二楚：一是慈竹篾编的提篼，叫"出行货"，技术含量低，易学，算下等品，价格不高。二是白葭竹编的"密折子提篼"，是上等品，技术含量高，价格高，不易学；"双合青"双层提篼，技术含量更高，价格也更高。三是花篼，又叫"半截瓜"，做工巧妙，成本低，价格高。四是竹编小玩具，用料精细，工艺独特，成本低，利润高。除了第一类外，其他三类各有技术秘密，当时没有啥都能编的"全挂子"③，他通过几年的认真学习，揣摩积累，不仅掌握了以上各种竹编技巧，而且花样翻新，创作出不少新产品。

1973—1978 年，他先后在县日杂公司与道明七大队（今双杨村）办的竹编联办厂、永乐竹编厂、公社竹编厂担任技术指导、会计和厂长，在他的指导下，艺人们编织的小型竹编工艺品远销东南亚地区。从此，拉开了崇州道明竹编对外贸易的序幕。

1985 年，他曾到哥伦比亚等国传授竹编技术。1988 年春回国后，他研发出新产品——竹编食品包装盒。由于器型新颖别致，销路很好，大大缓解了当时道明竹编产品滞销的压力。一直以来，由于他对产品质量精益求精，诚信经营，1994 年、1999 年，先后被四川省人民政府、成都市人民政府授予"先进生产个体户""先进个体劳动者"

2018 年 5 月，赵思进被中国文化和旅游部认定为"第五批国家级非物质文化遗产代表性项目竹编（道明竹编）的代表性传承人"

的荣誉称号。1995 年，他任崇州市政协委员。2004 年，道明镇成立竹编协会，他当选为会长。协会每年都要组织举办竹编技艺竞赛活动。2009 年，第二届中国成都国际非遗节期间，他组织大量产品到崇州主题分会场展出，并表演竹编技艺。2010 年 5 月，"四川成都大庙会"受邀在台北中山纪念馆前举行，这是大陆首次在台举办大型户外文化交流活动，全省组织了十个团队参加。作为道明竹编的代表，他制作的竹编天坛等二十余件作品参展，受到参观者的好评。2016 年 8 月，他被第四届中国非遗博览组委会聘请为中国传统工艺项目（竹编）比赛评委。2018 年 5 月，他被中国文化和旅游部认定为"第五批国家级非物质文化遗产代表性项目竹编（道明竹编）的代表性传承人"。

2018 年，在成都市非遗保护中心、崇州市文化馆的大力支持下，由赵思进口述并亲自演示、讲解道明竹编代表性作品的编制过程，北京大学研究生范雯全程拍照，并整理、编写的《道明竹编》，被纳入"成都非遗系列丛书"，同年 9 月由四川人民出版社出版。该书系统梳理、总结了道明竹编的历史，竹编工艺品的特征、分类、工艺流程、编织技法等，为道明竹编留下了宝贵的史料。如今，年过八旬的赵思进制作了一批有较高艺术价值的作品，作为非遗竹编的物质载体供人们鉴赏。

性格敦厚的丁志云从小在竹林中长大，熟知竹性，七八岁时他就跟父辈学习竹编手艺。十三岁时，父亲去世，母亲体弱多病，妹妹年幼，作为长子，他成了家里的顶梁柱，靠编竹制农具维持一家人的生计。20世纪80年代，他开始从事竹编外贸品的生产。1997年6月—2002年7月，他到深圳一家台湾商人开办的工艺品厂从事竹制和金属材质工艺品的编织与雕刻工作，产品出口美国、加拿大等国家。这里先进的生产工艺和高超的设计理念令他眼界大开，提高了他以透视技巧展现作品立体感的技能，为他后来设计、创作别具匠心的大型竹编艺术品打下了扎实的基础。

2010年，他编的作品"大手拉小手"被崇州市政府选为抗震救灾纪念品收藏于崇州市重庆援建纪念馆。2011年4月，他耗时近一年编成的大型作品"龙行天下·一帆风顺"，参加了在成都市温江区举办的全国休闲农业创意精品大赛，获文化创意类西南赛区银奖。他的独生女儿丁春梅自幼随父学习竹编。小时候，她与村里的同龄孩子一样，每天要编两三百个竹铃铛才能换得盼望已久的文具盒或者花裙子。在父亲的严格要求与悉心指导下，她的竹编技艺日益精进，擅编各类立体竹编艺术品和平面字画。

2012年，丁志云一边带着病重的妻子四处求医，一边就近打工。2013年5月，他被四川省文化厅认定为第二批四川省级非遗（道明竹编）代表性传承人。这一年，妻子病故后，他整天闭门不出，闷声不响地编各种东西。春梅回到娘家，乡亲们对她说："你爸疯了！"春梅看在眼里，疼在心里。她深知父亲的巧手极具创造力，能根据设计方案，为不同的顾客编出各式作品。她更了解父亲对竹编的热爱。她暗下决心，一定要让父亲振作起来，把他的手艺发扬光大，她要看到从前那个生龙活虎，特别有力量的父亲！这一年，道明镇政府启动土地整理项目，父女俩商量后，拆了老房子，主动将自家的宅基地纳入土地整理项目。父女俩搬到安置房后，却根本没有地方编竹编。春梅直接跑到镇政府去找到党委书记陈玲，希望能解决竹编场地的问题。对丁志云父女的手艺和家庭情况了如指掌的陈书记，鼓励她要把竹编手艺传承好。

2013 年 7 月，通过相关程序，镇政府把龙黄村 9 组、11 组交界处较偏僻的 14 亩土地流转给丁志云。因为给妻子治病，当时家里仅有两万元的积蓄，父女俩商量后，一咬牙以高息借资 60 万元，于当年 9 月建起了"丁知竹"竹艺馆，从家庭小作坊变成了竹编个体户。馆名"丁知竹"是父女俩的创意，它包含四层意思：一是丁氏后人深知竹性，善用竹材；二是希望更多的人了解道明竹编；三是"知竹"谐音"知足"，如今乡村的生活大大改善，老一辈人打心眼里"知竹（足）常乐"；四是年轻一代竹编艺人不满足于现状，渴望走出去，把家乡的竹编手艺推向更广阔的舞台。

没想到，竹艺馆修起来后又面临城乡规划、土地性质、违规修建等诸多问题，令父女俩焦头烂额。2013 年 8 月，陈玲调任崇州市文广体旅局局长，仍一如既往地关心道明竹编和竹编艺人。她从非遗保护与传承的角度，向相关部门宣传道明竹编，引起重视，给予竹编艺人相应的政策支持，解决了"丁知竹"竹艺馆的建设问题。2014 年春，第二届四川国际自驾赏花节期间，由政府购买服务，"丁知竹"团队负责道明竹编·大地景观艺术的打造，借此机会和平台，道明竹编以一种新的业态形式得以展示和宣传。从此，每年竹编艺人们都会创作新作品参加此类活动。

2016 年 4 月，"丁知竹"团队与中央美术学院共同创作了展示川西生活形态的作品"蜀州艺进空间"，荣获第二届武汉国际家居展"黄鹤杯"最佳创意奖。2017 年 4 月，在北京恭王府举办的全国"非遗研培成果展"上，他们与四川大学美术学院合作，采用近 3 吨的斑竹、慈竹编制了 300 平方米的"川西老民居"，成为当时的一大亮点。2018 年 4 月，丁氏父女在竹艺馆的基础上组建了丁知竹成都文化创意有限公司，丁春梅任总经理。2018 年 9 月，在山东济南召开的第五届中国非遗博览会上，作为特装组专家，丁春梅首次担纲组织团队，用 2600 余根竹子编制了 4000 平方米的"川西林盘"，受到参观者的一致好评。这次参展，使她对传统工艺的魅力、团队的精诚合作、川鲁文化的碰撞与交流有了更深刻、直观的认识，得到了历练。

2016 年，"丁知竹"团队参加成都创意设计周展览，丁志云（前排右）、丁春梅（前排中）与师傅们合影留念

出生于竹编世家的杨隆梅，自幼跟随母亲卿玉芳学习竹编，擅长竹编字画、瓷胎竹器和家居竹艺装饰品的编织。2011 年 7 月，她从西南航空专修学院民航服务专业毕业后，在一家房地产公司工作的同时，在川大进修经营管理专业。在母亲的带领下，她们完成了青城山六善度假酒店内的竹艺装饰。2014 年 2 月，家里一场意外的火灾让她毅然辞职回乡，依托祖父杨继军创立的近四十年历史的继军竹制品厂，成立了崇州市道明巧妹子竹编专业合作社，将学到的管理理念运用于合作社的运作中，带动当地近 3000 名百姓实现居家灵活就业。2016 年 9 月，她编制的竹编花瓶参加"第四届中国非遗博览会·传统工艺（竹编）项目比赛"，获得二等奖。2017 年 6 月，在第六届中国成都国际非遗节作品展上，她编的瓷胎竹编茶职获得"新生代传承之星"奖。2019 年 3 月，她和母亲都被认定为成都市级非遗（道明竹编）代表性传承人。

道明竹编凭借悠久的历史、独特的价值，在崇州历届党委、政府的主导和推动下，在代代竹编艺人的不懈努力下，获得了一系列荣誉。

1959 年，崇庆县组织 1770 件精美的道明竹编工艺品，赴京参加国庆十周年大典。1992 年，道明镇被四川省文化厅命名为"竹编艺术"之乡，1995 年、2011 年、2018 年三次被文化部命名为"中国民间文化艺术（竹编）之乡"。2004 年，道明竹编被收入文化部社会文化图书馆司编的《中国民间艺术之乡概览》一书。2007 年，道明竹编先后被列入成都市和四川省级非遗名录。2007 年 6 月—2017 年 7 月，每两年举办一次的第一届至第六届中国成都国际非遗节作品展中，道明竹编都有创新作品参展，受到国内外专家和参观者的赞赏。2011 年 9 月，道明竹编工艺品被国家质检总局列为国家地理标志保护产品，这是道明竹编面向全国乃至全世界，走向标准化、商业化生产的重要里程碑。其间还有一段小插曲。

2011 年 3 月 9 日，崇州市成立了道明竹编地理标志产品保护申报领导小组（简称申报办），同年 5 月 4 日，申报办向四川省质量技术监督局提交了《关于申请道明竹编地理标志产品保护的报告》，6 月 24 日该报告被国家质检总局正式受理，并发布了2011 年第 92 号受理公告。为了顺利通过国家质检总局专家评审团的评审，2011 年 8 月 23—27 日，由崇州市质检局副局长黄菊带队，道明镇政府党委委员杨本义、大学生志愿者杨也一行专程赶赴北京，在国家质检总局科技司副巡视员裴晓颖女士的耐心指导下，从文本格式、内容架构等方面，对申报材料进行了四次修改完善，系统性、专业化描述了道明竹编的起源、原材料的地理属性、制作工艺流程、产品特点和质量技术要求等内容。亲历此事的杨本义说，这次北京之行，他最大的心愿是抽空去毛主席纪念堂看看，可惜时间太紧，这个愿望都没能实现。每次接受裴老师对申报材料的审查指导，都是让他们心里忐忑不安的"过关"。从入住宾馆的那天起，他们一直关在宾馆里全神贯注地反复改稿，完全没有时间出去逛大街，甚至错过了开饭时间，只得出去匆匆吃一碗面条后，又赶紧回宾馆改材料。经过反复修改补充，终于在 8 月 27 日晚上，从天津出差回来的裴老师审稿后说："行！就这样，可以了！"听到这句话，他们一直悬着的心才落下来。为了做好 9 月初的评审准备工作，他们又连夜乘飞机返川。

2011 年 9 月 5 日，经国家质检总局专家评审组评审，并再次在全国公示无异议后，国家质检总局于 2011 年 12 月 1 日颁发了

2011 年第 172 号公告，正式批准道明竹编为国家地理保护产品，成为当时全国 111 个地理标志保护产品之一。赓即，在成都市文广新局、崇州市科技局的指导下，道明竹编申请了专利保护，并在道明镇成立了版权登记服务站，丁春梅任站长。2011 年 11 月，崇州市人民政府出台了《道明竹编地理标志产品保护管理办法》。2013 年 1 月 22 日，道明镇政府公布了《崇州市道明镇人民政府关于对四川省非物质文化遗产"道明竹编""道明日用竹编技艺"实施保护的意见》（道府〔2013〕6 号）。同时，发挥竹编协会的积极作用，在加强质量监管、打击假冒伪劣、维护道明竹编品牌和经营秩序、监督合格产品地理标志标识的使用等方面提供了法律依据，落实了工作措施，助推道明竹编走上企业化发展之路。

从 20 世纪 80 年代起，随着道明竹编在国内外知名度的不断提升，北京电影制片厂、峨眉电影制片厂、中央电视台、四川电视台等众多媒体先后来道明镇采访报道、拍摄专题片向国内外宣传推广道明竹编。

2012—2017 年，在成都市百万职工技能大赛中，道明竹编传承人多次获得一等奖、特等奖。2017 年 10 月，道明镇荣获成都市首批非遗特色小镇称号。2019 年 6 月 8 日，文化和旅游部非遗司召开"文化和自然遗产日"优秀案例发布会，集中发布非遗与旅游融合、国家级非遗代表性项目保护实践、传统工艺振兴方面的优秀案例，道明竹编成为全省仅有的三个入选项目之一。

走出国门　铺架友谊之桥

早在 1957 年 4 月，崇庆县以道明竹编为主打产品，参加了第一届中国出口商品交易会（广交会），从此道明竹编进入国际市场，出口至美国、日本、法国、罗马尼亚等 40 多个国家和地区，累计创汇百万美元。20 世纪 80 年代，竹编艺人胡思礼、赵思进、周世元、罗福清、杨忠荣等四人先后赴哥伦比亚、牙买加、格林纳达等国家传授竹编技艺、展览作品，提高了道明竹编的知名度，为铺架中外友谊之桥做出了贡献。

1984年6月，国家外贸部选派竹编工艺专家组赴与我国刚建立外交关系的哥伦比亚，开展为期一年的技艺传授。经省国际贸易协会推荐，由胡思礼担任竹编专家组组长，对30多名学员分期、分批进行巡回培训，从取料、刮竹、花篾条到编织，由浅入深，先简后繁，耐心讲解，使每个学员都能编30余个品种的竹编品。学习期满，经专家组鉴定后，颁发毕业证。

1985年8月，经道明乡政府推荐，赵思进参加四川省外贸公司的援外项目，在哥伦比亚阿尔梅尼亚市举办第一期培训班。他亲手制作了一个双层立体菊花边果盘，赠送给该市文化厅厅长罗那塞舍丽亚。随后，他到首都波哥大开展为期两个月的样品创作。在胜希尔办第二期培训班时，他每天向10名学员传授1~2种竹制玩具类新品种的编法，学员的热情高，进步快，使他深受感动，毫无保留地传授技艺。学员们经考试合格毕业后集体办厂，编织的成品统一在门市出售，很受当地市民的喜爱，供不应求。培训结束时，中国竹编师傅给学员们留下一份西班牙语的文字教材，当地有关部门非常感动。在离开哥伦比亚前，当地政府特邀他们到风景名胜区旅游，并在我国驻波哥大使馆内举办欢送宴会致谢。

1987年2月，他再次被派往牙买加协助之前到此的周世元师傅进行竹编技艺教学，他教授的新品种编织法深受欢迎，他和周师傅制作的60多个展品，在牙买加展馆陈列，他们还受到联合国教科文组织官员的接见和嘉奖。

2016年10月至今，成都

1987年2月，赵思进（前排左一）、周世元（前排左二）在牙买加教学时，受到联合国教科文组织官员的接见

市级道明竹编新生代传承人丁春梅、杨隆梅随文化部组织的"中国非遗世界巡回展"，先后到美国、英国、俄罗斯、德国、摩洛哥、斐济等国家，展示道明竹编非遗文化和传统手工技艺，她们的作品受到当地人的普遍好评。

联姻高校　开创传统竹编新业态

2010年1月，陈玲就任道明镇党委书记。她在对该镇的优势资源进行实地调研、梳理过程中，了解到道明竹编的历史、价值和所获的殊荣后，便萌生了把道明竹编申报为国家级非物质文化遗产，将其推上更为广阔的舞台的念头。

2012年暑期，30多个中央美术学院（以下简称央美）的应届毕业生来到崇州考察、采风。在省级非遗竹编传承人陶亭革家里，他们被道明竹编的悠久历史和精湛技艺震撼，提出与竹编师傅们合作完成毕业设计的想法。因条件有限，当时陶亭革、丁志云接待不了那么多学生，就去镇政府说明情况。陈书记敏锐地意识到这是与央美合作，开创道明竹编新业态的重要机遇，立即组织赵思进、陶亭革、丁志云、陈少

2015年5月5日央美城市学院道明竹编实习师生带着他们的实习作品与市文广体新旅局局长陈玲（前排左五）、副局长石奕（前排左四），道明镇党委书记李鸿奎（前排右四）、镇长牟小刚（前排右三）等领导及竹编传承人赵思进（前排左六）、丁志云（前排左二）等合影留念

文等竹编传承人，按照学生们的艺术构思和设计图样，编织了30多件竹编作品。这些毕业设计作品在央美引起强烈反响，从此开启了道明竹编艺人跟央美的合作和交流。在央美城市设计学院副院长田海鹏教授的指导下，2013年3月16日，道明镇成立了

"中央美术学院城市设计学院道明传统竹编研究实习基地"。

授人以鱼，不如授人以渔。2014年5月，崇州市文广体新局局长陈玲、副局长石奕深知要提升道明竹编的艺术价值，使传统手艺转变为推动乡村发展的新业态，必须培养新型人才。为此，他们争取上级培训资金，给丁春梅和杨隆梅一定的补贴，送她们到中央美术学院城市设计学院家居产业系去学习一个月，使她们接触到家居艺术的创意与设计领域，增长了见识，拓宽了眼界，成为更有文化潜力的新生代传承人。后来，每年央美举办学生毕业展期间，丁春梅都会自费去学习，并跟进一些合作项目。而杨隆梅通过在上海大学非遗传承人群竹艺研修班的学习，成功与外地设计师跨界合作。2017年上海设计周，她和上海美术学院副教授章莉莉、浙江东阳竹编非遗传承人何红兵合作，用150件薄如蝉翼的手工竹编和50片彩色透片，共同创制了大型公共艺术品——竹编万花筒。这个集合了中国12种经典竹编纹样的作品，每个模块都是一幅绚烂的家居装饰画，惊艳了整个设计周。

2016年6月，"丁知竹"竹艺馆挂牌"成都市非遗竹编传习所"，陈少文、丁志云被央美城市设计学院、四川大学非遗研究中心聘为传统竹编研究实习基地特约技术顾问；2018年10月22日，经文化和旅游部非遗司批准，全国第13个传统工艺工作站——"中央美术学院驻四川成都传统工艺工作站"落户崇州。如今，道明镇已与中央美术学院、四川大学、四川美术学院、西南交通大学、重庆大学等高校开展校地合作，共同致力于竹编文化的挖掘、技艺传承与实践、产品设计与创新，先后有200多个高校美术专业的本科生、研究生、博士生来此完成毕业设计作品。

实至名归　成功申报国家级非遗

2013年8月，调任崇州市文广体新局局长后，陈玲更清楚地了解到国家级非遗申报的条件、途径和相关程序。2013年

8—12 月，文广体新局全面启动"道明竹编"申报国家级非遗代表性项目的工作。在近半年的时间里，市文广体新局组织陈柏青、施权新等崇州民俗专家紧锣密鼓地完成了资料收集、整理和视频拍摄等工作。其中，资料整理是重头戏，年逾七旬的陈柏青老师每天和在职职工一样上下班，到文化馆专门设立的申遗办公室查阅、整理相关资料，撰写了近 4000 字的申报材料。为配合申报视频的拍摄，赵思进、丁志云、陈少文、卿玉芳等艺人，口述道明竹编的技艺特征、制作技巧，现场展示编制过程；在技艺的文字化表述方面，赵思进做了大量的案头工作；已故老艺人胡思礼的家人何权友、何崇怀提供了大量珍贵的图片资料。

2013 年 12 月，崇州市文广体新局经省文化厅正式向文化部提交了申报材料，引起文化部的高度重视。2014 年 3 月，文化部副部长周和平来崇调研，陈玲局长就"道明竹编"的保护、传承、发展，向周副部长做了专题汇报，得到高度肯定。2014 年 4 月，四川省文化厅副厅长泽波亲自主持召开了"四川省拟申报国家级非遗的项目专家会诊会"，在省非遗专家委员会委员郭桂玲、王力本等专家和四川省文化厅非遗处副处长黄玉梅女士的大力支持、指导和帮助下，申遗组对"道明竹编"的历史渊源、独特价值、技艺特色等进行了更细致的梳理和提炼，使申报材料脉络更为清晰，更具说服力。

2014 年 4—6 月，陈玲局长带领宣传科科长张渝、市文化馆馆长张林伟赴国家文化部非遗司向有关领导和专家进行了两次专题汇报。这一年，全国申报第四批国家级非遗的项目多达 1111 个，竞争激烈。2014 年 12 月，国务院下发了《关于公布第四批国家级非物质文化遗产代表性项目名录的通知》（国发〔2014〕59 号），"道明竹编"脱颖而出，跻身第四批 153 项国家级非遗名录。

以竹为魂 塑造川西林盘之美

道明竹编成功申报国家级非物质文化遗产后，为乡村发展带来了新的契机。为了用好这张"非遗"品牌，打造文化新地标，积极探索"艺术群体＋地方政府＋工艺传承"的非遗保护、传承的"崇州模式"，2016年年底，崇州市委、市政府委托国有四川中瑞锦业文化旅游有限公司负责策划，进行为期35天的全球设计招募。28支设计团队经过角逐，最终由上海创盟国际建筑设计有限责任公司完成了"竹里乡村社区文化创意展示交流中心"（简称"竹里"）的设计，主创设计师为同济大学建筑与城市规划学院教授、博士生导师袁烽。他从陆游的一阕词《太平时·竹里房栊一径深》的意境中，高度提炼出非凡的设计理念，用古朴的青瓦、竹编、木材等天然建材，采用高达70%的工厂预制化数字体系，在52天之内奇迹般将这座面积达600平方米的美丽建筑，以太极图案拓扑变形的"∞"（无限）造型的"竹里乡村社区文化创意展示交流中心"，惊艳亮相于乡野之间，被誉为"一座点亮乡村的房子"。杨隆梅带领继军竹制品厂的师傅们参与完成了竹里外立面、内部竹吊顶和展台的搭建制作。2017年9月，竹里设计作品受邀参加北美最大的建筑盛会——芝加哥建筑双年展（CHICAGO ARCHITECTURE BIENNIAL），于2017年12月荣登国际空间设计艾特奖全球获奖榜单——最佳文化空间设计奖。

"竹里乡村社区文化创意展示交流中心"于2017年3月惊艳亮相于乡野之间，被誉为"一座点亮乡村的房子"，从空中俯瞰呈太极图案拓扑变形的"∞"（无限）造型（陈有智、郭迎伟供图）

2017年年初，中瑞锦业文化旅游有限公司投资约5800万元，在龙黄村9、11、13组打造占地面积123亩的天府林盘保护改造项目——竹艺村。该项目结合非遗与文创文化，融本地特色农业、竹编产业、休闲体验及美丽新村建设于一体，以竹为魂，塑造与生态本底、自然资源完美结合的乡村生活，诠释了公园城市的乡村表达，成为天府林盘的典型代表。自2018年2月竹艺村开村以来，已累计接待游客超过20万人（次），营业额超过1800万元，带动了当地群众增收致富。

这时，经过几年的日晒雨淋，"丁知竹"竹艺馆日益破旧，像一个老作坊，面临着是否顺应竹艺村的整体打造，进一步提档升级的选择。当时，丁志云父女俩刚还清债务，积余不多的资金还要用于产品研发与生产投资等未来规划，要拆掉旧房，重建展厅，一方面他们心里很不舍，同时巨大的资金压力也让他们深感力不从心，因此犹豫不决，甚至一度都想放弃竹编事业了。在这个关键时刻，陈玲对丁春梅给予一如既往的信任和鼓励，使她再次鼓足勇气，树立信心，克服重重困难，又投入140多万元，按照"竹里"主创设计师袁烽的设计蓝图，将"丁知竹"再次提档升级，重塑形象。如今，"丁知竹"已有20多名竹编传艺师，平均年龄32岁，年均接待国内外学员1000人（次），成功从个体工商户向小微企业转型。

竹艺村项目的成功实施，让道明竹编焕发新的活力，推动道明镇成功申报成都市第一批非遗产特色小镇。同时，乡村的美丽嬗变，吸引了外来文化人的加入。2018年4月，巴金文学院签约作家、诗人马嘶的三径书院落户竹艺村；2019年1月，旅法艺术家刘伟福的"见外"美术馆在此开馆。如今的"竹艺村"建成了50公里的无根山健身步道、道明竹编博物馆，新村民的加入和遵生小院、青年旅舍等多元业态的入驻，为竹艺村注入了文化与美学意蕴。当地政府结合道明山地旅游产业，引入文化企业，以保护和传承道明竹编为核心，拓展竹编艺术品、实用器具的创新开发，以竹材的种植培育、新型竹材的研发、大型户外竹编艺术品展示、传承人活态演示、游客竹编参观体验、举办竹编大赛、民俗展演等形式，将如今的道明竹编打造为融手艺分享、技艺创新、文创作品展览、建筑装饰、大地艺术及产品推广营销于一体，推动农、商、文、旅、体融合发展的重要品牌，为探索乡村振兴战略的实现路径提供了现实范本和成功经验。

如今，道明竹编技艺的人才培养早已突破家族传承的局限，崇州通过实施竹编工艺"进校园、进课堂，学生进基地"计划，确保了该非遗项目后继有人。2019 年 6 月 8 日，国家级非遗"道明竹编"传承人公开收徒仪式暨非遗传统工艺传承系列教程、非遗教育自然营地项目共建签约仪式，在丁知竹成都文化创意有限公司举行。该活动由崇州市文化和旅游局、道明镇政府、山东城市出版传媒集团主办，中央美术学院驻四川成都传统工艺工作站、丁知竹成都文化创意有限公司承办。参加拜师仪式的有优秀资深媒体人，行业先锋设计师，从事设计教育的老师和即将毕业的大学生，还有年仅八岁的小小传承人。正如在拜师仪式上，四川音乐学院美术学院环境艺术系风景园林专业教师陈兴代表学徒发言时所说的那样：竹编传承的核心在于人，是人手上的技艺和心中的热情。有生命力的非遗，不仅仅要流传下来某些物件，更要让非遗技艺和文化渗透到各行业中去，参与到社会发展中来，让竹编真正"留得住传统，搞得了创新"。如今，被称为道明竹编的"三枝梅"的新生代传承人丁春梅、杨隆梅、王红梅④，带动更多的年轻人加入竹编行业，为道明竹编注入了新的活力，成为道明文旅产业的一张张靓丽名片。

2019 年 7 月 14 日，文化和旅游部资源开发司副司长徐海军来崇考察我市乡村旅游（民宿）工作。在实地察看了竹艺村游客接待中心、竹编博物馆、竹里民宿等，并详细了解了竹艺村景区运营管理模式，听取了我市乡村旅游发展的情况介绍后，他指出：竹艺村景区的发展模式有特色、有亮点，值得在全国推广；并将其确定为即将在成都召开的全国乡村旅游（民宿）工作推进会的现场参观点位。7 月 28 日，来自全国各地参加全国乡村旅游

（民宿）工作现场会的各地文化和旅游厅（局）负责人、重点旅游企业、研究机构代表参观了竹艺村，对竹艺村以品牌化、专业化、现代化和国际化的视野推动乡村旅游的发展模式给予高度的评价。

成都市级非遗（竹编）传承人杨隆梅、崇州市文化和旅游局文化科科长赵毅、文化馆馆长张林伟、道明政府党委委员杨本义、竹艺村解说员黄欣为本文提供了大量珍贵材料，谨致谢意。

注：

①本文主要参阅了《崇庆县志》（1911—1985）（增订版，四川人民出版社，2015 年版）；《道明竹编》（四川人民出版社，2018 年版）；《崇州市文史资料选辑》（第 16 辑）。

②另有：乐娟会、苏娟、王丹、邓丽、周莉、丁勇、赵红群、赵童艳、倪见、曾蓉、骆星佳、康清明、贾文清、陈玉芳、杨建华、赵健康、郑林、黄淑英、陈福阳、康学红、乐永、贾涛、陈静、王红梅、王晓燕、肖忠华、涂孟群、石松梅、乐晓林、何崇怀、徐罗、刘静共 32 人被认定为崇州市级非物质文化遗产（道明竹编）代表性传承人。

③全挂子：方言，指知识技能较全面的人。

④王红梅：崇州市级非物质文化遗产（道明竹编）代表性传承人，曾师从杨隆梅祖父、继军竹制品厂创始人——杨继军师傅，擅长竹编字画和竹编工艺品的编织，于 2018 年 3 月在道明镇开办了"红梅竹编坊"。

改革开放

1982 年，我家分到了责任田

何学嘉

1976 年，虽然粉碎了"四人帮"，但平民百姓并没有马上摆脱缺衣少食的生活。

记得 1978 年的冬天，妻子背着一岁的儿子成天在生产队的田坝里刨土平地、点麦子。每天快到下班时间，她就眼巴巴地望着白头场学校的方向，巴望着我走出校门、穿过大路、越过小沟来到她身边，从她背上接下孩子，让她松口气，伸直腰；儿子也能活动活动吊麻木了的双腿——那是他娘俩最盼望、最开心的事了。

本文作者何学嘉，1985 年由民办教师转正后调到白头中学当高中语文教师

还记得1979 年，也是冬天，我去田坝里接母子俩时，从学校食堂端回了一份十天才有一次的回锅肉。这份肉值 5 角钱，有

二三两的样子，在冷风中吹了一两公里路远，已经又冷又硬了。但又黑又瘦，明显营养不良的儿子见了，馋的抓了就往嘴里塞。待走到家，这份肉已被他吃完了。那时肉食严格凭票供应，崇庆县人年均不足 10 斤。《崇庆县志》记载：1960 年，全县年人均肉食只有 0.52 斤。

一路上，见儿子那饥馋的样子，我真的是心酸、心痛至极。

1980 年的腊月，妻子要去离家五公里远的西河坝与娘家闺蜜搭伙筛河沙，每天可挣 1～2 元钱。那时，我当民办教师，每月工资 28 元，可买 30 斤黑市米。妻子在生产队每天挣 7 工分，值 0.14 元，可买 2 个鸡蛋。家中实在太穷，又快过年了，我不能不同意，但孩子得一起带到河坝里受罪！没法子了，每天早晨 6 点天不亮，我就用自行车把母子二人搭到西河坝，再转回学校上课。

寒冬腊月，河坝里北风凛冽，飞沙走石。

一天，当我放学赶到河坝时，那一幕让我永远都忘不了：三岁不到的儿子穿着妈妈的一件破棉袄，正在河滩上一个大石坑里冻得瑟瑟发抖！他已经这样听话、懂事地在这坑里整整待了 12 小时！看着他那近似呆痴麻木、又绝望可怜的样儿，我真是悲痛欲绝，欲哭无泪，禁不住在心中呐喊："天啊，到底要挨到哪天才能苦到头啊？我们只求个起码生存、得个基本温饱的希望在哪儿呀？"如今，我想到此，还忍不住流泪。

我们期盼新的开始，新的生活。

所幸，有个人知道我们的苦楚，知道我们的期望，在思考着怎样才能从根本上改变贫穷状况。他指出：贫穷不是社会主义，实践是检验真理的唯一标准。他说，白猫黑猫，逮住老鼠才是好猫。面对十亿人的吃饭问题，他"授之以渔"，从根本制度上进行变革！

这个人就是邓小平。

1978 年，安徽省凤阳县小岗村人悄悄分田单干，成为农村改革的发源地。1980 年 6 月 18 日，广汉县向阳人民公社的社员悄悄把"广汉向阳人民公社"的牌子换成了"广汉县向阳乡人民政府"。就在这一年，崇庆县也有传言说有些地方在分田单干！开始大家都不相信，认为这简直是做白日梦！这不是走资本主义道路，搞复辟、走回头路吗？怎么可能？谁这么大胆？

但紧邻崇庆县的大邑县董场公社在收了小春后就让各家各户包干负责，自行耕种划给自家的"责任田"了，不叫"分田单干"，而叫"联产责任承包"。县里还专门组织公社、大队干部去实地考察，回来开会讨论要不要分田单干时，反对和赞成的两派，展开了激烈的争论，有的说危害多多，有的却说好处多多，莫衷一是。争论的结果，赞成改革的一方大获全胜，毕竟改革的潮流不可阻挡。当时大多数人从中看到了希望，一想到多年的梦想"鸡公叫唤喔喔喔，把我的一亩二分翻身田①还给我"就要成为现实，一想到自己就要真正做土地的主人，就热血沸腾，急不可待。

1981 年下半年，我家所在的崇庆县白头公社 90 个生产队（占全公社生产队的 83%）实行了"联产承包责任制"。热切地巴望着"耕者有其田"的农民的种田积极性空前高涨，各显神通，效果立竿见影，当年就基本达到温饱。

1982 年下半年，崇庆县同全国绝大多数地方一样，一阵风地把田分完了。紧接着，把生产队的仓库、农机具、耕畜，甚至打场和几杆秤都分光、卖光了，吃了多年的大锅饭终于散伙了！

农村干部中，有人手上失权、心理失衡、情感失落，很不习惯，怪话就出来了："辛辛苦苦几十年，一夜回到解放前！"而推行者似乎也心有余悸，不便太冒进，将这场变革定义为"联产承包责任制"，把分给农民的田叫"责任田"或"承包田"，而老百姓却嫌它听起来文气，叫起来拗口，干脆叫"分田单干"！

我母亲当时 70 岁了，身体很硬朗。她不用谁来给她补什么课，凭直觉就知道分田单干，自己种、自己收这事对她有百利无一害，出乎意料地要求一个人独户单干，再种几年重新回来的"一亩二分翻身田"。队长果真依了她，分了一块 1.2 亩靠大路边的很好种的田给她。

当时，我在学校上课，老担心分田时自己不在家会吃亏。哪知放学回家一看，分给我们一家三口的是既近便又肥沃的3.5亩上等田且三块连片。这是因为妻子人缘好，更是乡亲们体谅我是个教书人，特别关照我家，令我好感动！

真的是衣食将足，礼义随生。有了巨大的希望和光明的未来，乡亲们不再过多地计较自己分得的田地肥瘦远近了，200多亩田在很宽松和谐的气氛中顺利分完了。再见不到当初为评工分、争救济，六亲不认、穷争饿吵的样子了。

田分给各家的第一季小春，是种大麦、小麦，还是种豌豆、胡豆，或者是种油菜、蔬菜，随自己的便。当时，生产队队长也做点指导、宣传，推广介绍些新品种、新技术，只要能按时完成国家征购，听不听全由自己，农民真正成为土地的主人了。

分田单干，最大的难题还是人力、畜力和肥料的问题。集体生产时，由于小春生产必须犁田耙地、深耕细作，特费人力、畜力和肥料，往往只种三分之一，最多也就种一半多一点的田，一个队余下的几十亩、上百亩良田大多轮休闲置。既无可奈何，也没有人特别重视。分了田，为尽快解决温饱，大家想了几种办法，尽量把田种满、种好。一是换工互助，有点像当年的互助组：亲朋乡邻只需打一声招呼，就聚拢七八个人，男女老幼齐上阵，今天帮你家割麦，明天帮我家栽秧，你来我往。虽然是起早贪黑、争分夺秒，累得要死，但主人家有好酒好菜款待，大家其乐融融、亲亲热热、干劲冲天，比之前集体时干一天挣八分、十分的工分值一两角钱的时候有劲、有兴、有味多了，效率也提高近一倍。因为在集体干活"评大寨式工分"，"干好干坏一个样"，往往"出工不出力"，"混够时间就走人"，好像和自己没有多大，或者说没有直接的关系。而分田到户是为自己干、为亲朋乡邻干，与自己、与亲朋乡邻有直接关系了，就不能混了，一要保证质量，二要不误农时。我查阅了1981年白头乡党委主编的《白头乡志》，该书记载：1968年，白头公社的中稻平均亩产量为441斤；而到1981年，平均亩产量就达到了781斤。

二是出钱出粮请人相助。公社解散了，集体的耕牛、农机具等折价卖给了村里的一些"能人"。这些人往往就成了村里小小的牛耕、机耕专业户。农户要耕田耙地了，打声招呼甚至不请，他们都会热情地上门服务。至于工钱嘛，随行就市，或现付，或赊账，甚至等庄稼收割后再给都行。大家都是乡里乡亲，再加之市场机制有竞争，既方便又好说话，工钱多少都不太计较。

至于肥料，一是想方设法把诸如扬尘柴灰、草皮垃圾、鸡屎兔屎等这些凡有点肥效的东西通通弄下大田——不再把私积肥料一股脑儿地自顾投放在一分八厘的自留地而不顾集体的大田了；二是赶紧多养猪、多积粪，从根本上解决缺肥问题。在没有化肥，主要靠积猪粪种田的年代，猪与田、猪与人的理想比例是"一亩一猪、一人一猪"。农民养猪的目的首先是积肥种庄稼，而不是为了吃肉。因为当时猪价定为 0.58 元/斤，要喂 6 斤粮猪才长 1 斤，不划算，是亏本生意。但是为了积猪粪种田，出于无奈，农民才喂猪。

有资料显示，1961 年时，崇庆县是 28 亩田才有 1 头猪积粪，其他年份也是五六亩田才有 1 头猪积粪，要想高产，实在艰难。到了 1981 年，崇庆县收购肥猪 28 万头，按1:3的存栏数计算，实际是 84 万头，实现并且超越了"一亩一猪、一人一猪"的理想状态，种田的肥料来源难题就彻底解决了。

当时，我家只有妻子一个女劳力，想与别家对等换工有些为难，又不想像村里的困难户"哑巴"一家等待队长组织支援而耽误农时，我就琢磨提高生产效率的办法。毕竟是读书人，也关心科技方面的事，我用免耕法改革耕作技术，同时改变过去只种粮食为适当种粮，多种经济作物。

当时，我是崇庆县白头公社第一个实施免耕法，首先"吃螃蟹"的人，有许多人来参观学习，引起过轰动。我曾以此写过一篇说明文《向你介绍一种新型的栽培方法——免耕法》给学生看，通过学生将我的免耕法传给他们的父母并迅速推广开来。

免耕法，顾名思义就是在前一茬庄稼收割后，免翻耕整地，直接在收割后未翻耕的板田板地上播种栽植的一种栽培方法。与传统的深耕细作相比，具有省时、省工、抗疾病、抗倒伏、增产增收等优点，早在 20 世纪三四十年代，就已在国外普遍推广，近年来已在川西平原逐步试行。这种耕种法有科学道理，有利于庄稼生长。一般人认为，免耕的田地土层板结不透风，会影响庄稼根部的呼吸和生长。其实不然，看似板结的田地，经上一茬庄稼的生长，已被旺盛的根系穿插得"千疮百孔"，土壤的团粒结构已经形成，具有较好的保肥透气性，在免耕土壤上直接播种，不仅不会影响庄稼的生长发育，而且还能促进庄稼的根系深扎，增强抗倒伏能力。而深耕细作的田地，破坏了土壤的团粒结构，易使水肥蒸发散失，漏气跑水，延缓幼苗的返青期。免耕法省工省时，可以适时播种。川西平原的小春播种期在 9—10 月份，此时往往阴雨绵绵，给翻耕整地带来很大困难，一般耕整一亩地，需耗 6 ~ 7 工时，花费 20 ~ 25 元，推迟播种 3 ~ 5 天。而免耕直播，只需 1 ~ 2 个工时，可节省 20 元，并能增产 1 ~ 2 成。

在实践中，我摸索出了免耕法必须注意抓住以下几个重要环节：

第一，及时开厢排水晾田。收获了上一茬水稻后，必须立即按 3 米一厢开挖 0.3 ~ 0.4 米的排水沟，排尽田中积水，使田土开裂成缝最好，避免下雨积水，保持田土干松透气。

第二，巧施除草剂。免耕之地易长杂草，除草彻底与否是能否增产的关键，因此，免耕必须除草。一般在杂草发芽 5 ~ 7 天，长出 5 片左右嫩叶时，用"拿捕净"200 克或"绿麦隆"300 克按1:500 的比例兑水喷洒即可除净。过早，有的草籽尚未发芽，除不净；过迟，药量加大，耗费成本。

第三，因地制宜，因种而异。麦类免耕，一般在除草 2 ~ 3 天后即可杵窝点播；油菜类既可杵窝栽苗，也可杵窝点播，还可直接点播在上一茬稻桩上，然后盖上干肥或浇上水粪，待苗长出 2 ~ 3 片叶后匀间补齐即可。

免耕法的效益在实践中得到验证：1985 年，我家采用免耕法在稻窝中点播 2.5 亩"川农—8 号"油菜，我们父子俩只花 2 小时就完成点播任务。剩下 0.7 亩田种小麦，0.3 亩田点胡豆，以便收割后留作秧母田，既保证了小春到大春的口粮，又解决了劳力缺少、牛力不足，不能适时播种的问题。加上后期的科学施肥和治虫防病管理，当年我家获得油菜亩产 280 斤的好收成，比传统耕作法亩产高出 30 斤左右，第一季小春也获得了大丰收，增加了收入。总之，我摸索出来的免耕栽种技术，以科学省时、增产增收的优势，受到了人们的青睐。

当年，农民缺粮惜粮，一旦田分到各户，大家都纷纷大种特种粮食作物而忽略了油菜等经济作物的播种。物以稀为贵，我首先看到此中的商机，冒险种了 2.5 亩油菜，收割后卖的钱，足够买回 5 亩田的小麦，第一季就"翻梢"，不仅还清了老账，还有几百元钱的积余。第二季大春，我种上推广的杂交稻。收割后，3.5 亩田交售公粮和余粮②后，剩下两千多斤金灿灿的杂交优质稻，装满大坛小罐，连泥砖暂砌的粮仓都装满了。过去在集体，三年都分不了这么多粮食！加上小春小麦、油菜籽的收入，就像变戏法一样，全家老小一下子就丰衣足食了。两年下来，同村里许多人家一样，旧粮没吃完，又收新粮了。粮食多得吃不了，就卖，用余粮喂鸡养猪，把粮换成钱。

有了钱，就给家人添新衣、建新房。我家前后翻建了三次，全不知缺吃少穿是怎么回事了。那时，我获得大专文凭，由民办教师转正，成为公办教师，调到白头完中当高中语文教师，工资打着滚地往上涨，每月超过 2000 元，不知不觉成为万元户，拆了茅草房修了大瓦房，买了小汽车奔上小康路了。

我母亲种着重新分给她的责任田更是高兴得合不拢嘴。本来，她养育了六男二女，我们给她的生活费、零用钱都用不完，那 1.2 亩田的收成全是她的额外收入。栽插、收割等大部分农活也是儿女们干。每逢赶场过节人来人往之际，老人家总要下田干一番，翻田碎土，除草扯稗子，见人就打招呼，摆几句。旁观者还误以为她老人家要让我们兄弟姐妹丢丑：竟让七十多岁的老人下地种田！但我们心里清楚，母亲晚年又圆土地梦，她这是从心底里高兴！她总把那1.2亩田看得金贵无比，逢人便说邓大爷好，想不到这辈子还能吃上饱饭，还能拿回"一亩二分翻身田"。这是新中国农民重新拥有土地后发自内心的无比喜悦！她把种地所获的粮油换成钱，要么给她喜欢的孙儿和幺女，要么就上庙进香捐"万字"，剩下的就攒起来存银行，把存单卷成小卷卷捆在裤腰袋里。1995年，老人家83岁高龄因中风去世时，裤腰袋里的存单已有十几张几千元了。这是我母亲一生拥有过的最大一笔财富了。

1985年，我家分到责任田三年后，我母亲张碧玉（前排左三），召回了儿子、儿媳、女儿、女婿共15人，在茅草房换代的水泥瓦房前第一次聚齐合影，喜悦之情溢于言表。后排左三为笔者妻叶碧琼，后排右三为笔者

如今，我的家乡发生了翻天覆地的变化，乡亲们真的是富起来了：全村30户人家，家家修了新房，有十几家还是小洋楼；有二十多部小汽车，"娃娃们天天有鱼肉吃还嫌无味，想的是火锅海鲜"，

1990年，分田到户七年后，笔者掀掉水泥瓦房，第三次新建了有前庭后院的小青瓦川西民居

与我儿子当年在寒风中抓冷肉吃的情景相比，真的是天壤之别。至今，在乡间的茶坊酒肆，我常常听到这样的民谣：

一九六二年，下放伙食团。

气死司务长③，饿死炊事员④！

一九八二年，散伙分了田。

气死大干部，笑死小社员！

这些乡间民谣从一个侧面折射出 1982 年农村实行联产承包责任制改革，是继 1962 年"下放伙食团"使农民摆脱"左"的束缚的又一次伟大实践，赢得了农民的由衷拥护。

2008 年 4 月，我参加《华西都市报》"见证改革开放 30 年征文"活动，写了一篇《房梦悠悠》在报上发表了，还得了大奖。我是从心底里歌颂改革开放让老百姓圆了温饱梦、富裕梦。

今天我写此文，是巴望儿女后辈知道我们这一辈人曾经怎样活过；了解新中国成立 70 周年曾走过一段怎样艰辛的历程，知道当年分田到户的农村改革有多么深远的意义，更加珍惜来之不易的幸福生活。

注：

①翻身田：指土改时政府分给农民的土地。

②余粮：指按田征收公粮后，国家征购农民手中多余的粮，价格稍高于公粮。

③司务长：指公社化时农村伙食团主管，当时有民谣"司务长的屁股墩墩圆，一两馍馍抠三钱"！

④炊事员：指公社化时农村伙食团工作人员，当时有言称："饿死的炊事员也有三百斤"，社员把饥饿的原因归咎于司务长、炊事员的扣斤压两。

我与珠海航展的缘分

刘华强

一、意外受命

2001 年 9 月 8 日, 我从美国加州大学留学归来。也许是离开珠海太久的缘故, 双脚刚一着地, 我便深深吸了一口咸海味的湿润空气。

第三天 (9 月 11 日), 还未倒过时差, 我便急匆匆去市委组织部报到, 心里充满学成归来, 大干一番的激情。

本文作者珠海城市职业技术学院院长刘华强

刚一出门, 一个惊人的消息让我的呼吸骤然加快: 美国世贸大厦爆炸! 这就是震惊全球的 "9.11" 事件! 去美国之前, 我任珠海市经济体制改革委员会主任, 受广东省委组织部委派去美国学习管理经验, 虽然只有短短一年时间, 却令我获益匪浅, 心怀感激。万万没想到, 离开美国才几天就发生这样的事, 心里为自己躲过一劫而庆幸, 也为美国遭此大难而难过。

这天接待我的是市委组织部李部长。一见面, 她便对我说, 今天不谈具体工作, 你去吧, 市委黄龙云书记正等着见你呢。我来到黄书记的办公室，他正在批复文件。简单寒暄几句后，他言归正传，直截了当地对我说："市委经研究决定，让你去珠海航展公司担任董事长。"

又是一个意外！我一下愣了，不知说啥好。回国途中，我对自己的工作岗位曾有过几种设想，但都与航展公司无关。我压根儿没想到对航展业务一点不懂的我，竟然要去担任航展公司董事长！1988年，我从浙江大学体育理论研究教育学硕士研究生毕业后，被分配到湖南省体科所、体委工作，成为第一批体育经纪人。后来到珠海市，通过公开竞聘担任市体改委主任。我既没在企业工作的经历，对航展更不熟悉，现在突然受命要去搞航展，当董事长，这个弯对我来说，未免转得太大了！

黄书记接着说："你学成回国，正好这个担子就由你来接吧！"

我缓了缓，对他说："我服从组织安排，没啥说的。但珠海航展是国家级的航展，这么大个事业您让我这个小毛头去搞，万一失败了，对我个人倒没什么，可我对不起珠海，对不起国家呀！"

黄书记说："你虽然没管理过企业，但有一定的机关工作经验，而且这次去美国学的又是管理。只要你把在美国学到的先进管理经验用到航展中，我相信你是可以胜任的，不会有什么大问题。再说了，谁也不是生来就什么都会，总是在实践中锻炼成长的嘛！"

尽管我听出他主意已定，但我还是想为自己留点余地，说："黄书记，这样吧，您给我两周时间，容我了解一些情况，再考虑考虑。"

黄书记很爽快地同意了，又说这是市委的决定，还提醒我离第四届珠海航展的时间只剩一年了，要我必须抓紧时间尽快投入工作。言下之意，无论怎么考虑，结果只有一个——接受任务，服从组织安排。

两周之后，我再次走进了黄书记的办公室。尽管此时我依然心中忐忑，底气不足，但表明了自己的态度：服从组织的安排！虽然我不一定有把握把第四届珠海航展搞得很成功，但请组织相信，我一定会竭尽全力！

就这样我走马上任，出任珠海航展公司第三任董事长。记得1999年我参加珠海市体改委主任竞聘时，面试中有这样一道题：如果让你运作珠海航展，如何盘活资源？当时我很认真谈了自己的想法和构思，没想到机缘巧合，现在还真的要付诸实践了。

二、埋头调研

上任后，我首先对前几届珠海航展的情况进行了全方位的调研和分析，并与世界各大知名航展进行比对，梳理出中国航展的整体概貌，得出了比较清楚的认识：

一方面，中国航展在珠海举办了三届，积累了一些经验，形成了一定的品牌效益。珠海，正是通过航展开始走向世界，世界也因此开始了解珠海。但珠海航展也确实存在很多严重问题，与世界各大知名航展的差距十分明显。首先就是办展经费问题。前两届航展都是珠海政府大包大揽地投入，到了第三届，政府无钱再大量投入，只好贷款办展。尽管航展公司最终支撑着成功举办了第三届航展，可没有任何盈利，更无任何经费余留。有部分员工的工资还拖欠了三个月之久，公司内部的经济压力已至极限。"航展公司都没钱，还怎么办航展？"那段时间，我整天都在这样问自己。

另一方面，珠海航展该如何专业化、国际化的问题。当时，航展在珠海乃至整个中国都是新生事物，大家不太清楚该如何办好航展，以为像赶庙会、图热闹——天上看飞机，地上看大炮！直到第三届航展前引发了招商风波，外商集体抗议，大伙儿才知道，航展不是庙会，而是一个专业化极强的、以经贸交易为核心的大型商贸活动！因此，上任后，我首先要解决的难题是如何将第四届珠海航展办成一个与此前不同的专业化、国际化、市场化、科学化的航展。很显然，这在当时，难度之大简直好比"上九天揽月，下五洋捉鳖"！

好在我是个抗压能力极强，极有责任心的人，这得益于多年体育生涯的锤炼。从小我参加过各种体育比赛，日复一日，在激烈的竞争、对抗中忍耐、坚持，塑造了我争强好胜、百折不挠、坚韧倔强的性格，对我人生道路的影响非同小可。1992年，邓小平南方谈话后，全国掀起南下高潮，我的内心也涌起南下的热望。与许多珠海人一样，我是1992年与妻子一起移居到珠海的，先后在珠海市体委和体校工作。这里的蓝天白云和宁静安然，让我们体会到邓丽君的歌《小城故事》中的温情与浪漫。在此期间，我参加了1994年举办的日本广岛亚运会、1996年的西班牙巴塞罗那奥运会体育科学大会，出版了国内第一本探讨体育经济学的著作《体育市场营销》。扎实的专业理论和广博的见识，让我从文化精神层面对体育规则有了更深刻的认知。在我看来，体育竞赛规则是世界上最好、最公平的。当今世界，中西方除了经济上的交流，更多的交往都是通过体育赛事进行的。大型体育赛事广受追捧，正是因为各国通过参与规则公平的体育赛事，让各种文化得到全面展示，并在相互交流、碰撞中，互相渗透、融合。

1997年，珠海市成立体育研究所，我被任命为所长。1999年，珠海在全省范围内公招五个岗位的正处级干部，经过一番激烈角逐，我幸运胜出，担任市体改委主任。

去美国后，我认真学习、勤于思考，获得了更开阔的国际视野，以独特的视角，找到了体育与先进管理理念之间的契合点：美国的先进一方面是高科技的带动；另一方面是科学、智慧的管理和资本的市场运作。制定规则的规范化，执行规则的制度化带来科学、高效的管理和公平、公正的结果。

三、着手改革

理清了思路，我首先提出"管办分离"的理念并付诸实施。即明确政府与航展公司的各自职责，各司其职，各负其责，互不混淆。

中国航展从一开始就被定为国家行为，"来头大，分量重"，从珠海到中南海，从东西南北到长城内外，从国内到国外，千头万绪，错综复杂，国人关注，举世瞩目，毫无疑问，政府应该也必须管航展，但不能办航展。因为航展是一个国际性的大型商贸活动，有其自身的规律和市场运作模式。国际上所有成功的航展都是企业行为，而不是由政府全权包办。政府一旦介入太深，航展公司的角色模糊，航展资源就无法合理统筹运用，就会造成两头都管，两头都管不好，最终导致政府不堪重负，航展公司也无法正常运作，亏本势成必然。航展的主办单位都是些赫赫有名的国家级大部门、大单位，航展公司无权代表政府，更无权也不可能去指挥那些国家级主办单位，但又要负责组织实施航展的具体工作，因此，问题的关键在于如何明确政府与公司各自的职责和分工。

我当时抱定的想法是按规则办事，先管好航展公司，再办好航展。通过深入调研分析，我认为航展公司此前之所以一亏再亏，正是"管办不分"导致的恶果。因此，我们明确界定了政府的职责就是整合珠海、广东乃至全国的力量和各种资源，组织、调动主办单位，联系、协调国家层面上的各种关系；而航展公司的职责是统筹所有资源，建立统一平台，按照市场化的规律统一开发、统一运作。只有这样，才能使政府与公司携手并肩，众志成城，共同办好航展。

在此基础上，我又提出了"开源节流"的理念，这不新鲜，关键在于怎么落实。在公司的管理上，我们制定了成本控制和内部管理流程，实行4小时复命制度。每届航展资金流量极大，往来账目烦琐，处理不好就容易出问题。为此，我们主动请求市委支持，委派一名纪检总监，监督航展的整个办展过程；由审计局派出一名审计总监，从预算到财务收支进行全程审计监督；由国资委派了一名财务总监，把控航展的每一笔开支。制定了规则，有了监督和审核机制，一切更加规范、透明，这既是对航展规范化操作的要求，也是对承办者个人的保护。就这样，已举办了三届的珠海航展，开始向制度化、规范化的方向迈出了重要一步。

四、借鸡生蛋

在公司的改革举措中，"管办分离"是为了理顺关系，"开源节流"是为了最大限度地开发航展的无形资产，进行资产营销，借鸡生蛋，吸引资金办航展。目的就是要按市场规律，以国际化的操作模式运行，在公司没钱的情况下找米下锅，办出一个专业化、国际化、市场化和科学化的中国航展来！

可是，钱从何处来？这才是所有问题最集中、最突出和最尖锐的！对此，我有清醒的认识和更深层的思考。多年体育生涯的积累和在美国学习的先进管理经验告诉我，体育不单单是竞技场上的竞争，也是不同国家和民族之间文化交流和经济开发的良机。比如，美国包装乔丹，带来 100 个亿的收益。靠的是什么？开发！因此，我运用在美国学到的先进经验，最大限度地发掘"航展"这个无形资产的品牌价值，"借鸡生蛋"，以品牌吸引社会资金投入航展。

2004 年春节后的一天，我与同仁一起找到珠海太平洋保险公司负责人，与其开诚布公、直截了当地沟通。

我问："你们公司想不想成为承保中国航展唯一的保险公司？"

也许是我的到来有点突然，也许是问题出乎意外，保险公司负责人不明其意，一个劲地摇头。

我补充道："谁来承保中国航展，谁就能承担世界性的保险。

道理很简单，中国航展是国际性的航展，承保了中国航展，就等于承保了国际航展；能承保国际航展，就意味着能承担国际保险；而一个能承担国际保险的保险公司，其社会影响力是不言而喻的。这一点，我想你比我更清楚。"

这显然是"卖关子吊胃口"。但对方似乎被"关子"吊住了"胃口"。见对方有了兴趣，我进一步说道：

"珠海航展是国家行为，主办单位都是部级以上赫赫有名的大单位，我们打算把保费提高一些，并策划在北京举行承保新闻发布会，邀请航展的各大主办单位和各界人士，以及数十家新闻媒体参加。你想想，那是一种什么样的影响力？该有多大的广告效应？"

双方很快进入实质性讨论，一拍即合。考虑到当时公司手里实在没钱去北京召开新闻发布会，我提出了一个要求：保险公司得先给航展公司预交一笔保证金，才能承保珠海航展。如果航展期间不出事故，航展公司再将保证金返还给保险公司。这是一笔不小的数目。但因为可以获得预期的广告效应，珠海太平洋保险公司负责人同意了。拿到保证金后，经过周密的策划、布置和安排，我们用一部分资金运作航展，用一部分资金在北京人民大会堂召开了一个隆重的新闻发布会。各大主办单位的领导、社会各界名流以及上百家国内外媒体如约赴会。会议声势浩大，气氛热烈，非常成功，最大的亮点是珠海太平洋保险公司以692亿人民币承保了第五届中国航展！之后，国内国际各大媒体纷纷以"中国航展，天价保险692亿"为主题抢先进行了报道，引发社会各界广泛讨论，影响力自然非同小可。后来有人估算，这次策划产生的效益，按市场行情至少为保险公司节省了几百万元的广告费。第一回合，就让航展公司与保险公司双赢。

在美国留学期间，我曾研究过美国扩大无形产业链、生态链以及衍生物获得巨大经济效益的运作模式。接下来，我带领公司团队开始着力对珠海航展的品牌资源进行全方位的系列开发。前三届航展收入主要由门票、展位费、广告收入三方面构成。在第四届、第五届航展中，我大胆改革，将所有资源如航展赞助商、运输代理商、餐饮代理商、礼品代理商等分门别类，全面开发，推向市场。以礼品为例，前三届航展礼品，都是公司花钱买来送人。从第四届起，公司开发出航展吉祥物"飞飞"，由代理商统一经营。这一来，不但礼品不用公司花钱买，还能收取相当的代理费。甚至，连茶杯、茶叶等一些微不足道的东西，也不再花钱购买，而由赞助商提供。

第四届珠海航展吉祥物"飞飞"

筹备第五届航展时，中国航展市场化的特征越发凸显。当时，我们组团前往俄罗斯与飞行表演队进行招商谈判，从上午8时一直谈到傍晚，大家施展所有的谈判技巧，最终将应支付给俄方的表演费从第四届的近300万美元"砍"到了80万美元。

这些举措不仅减少了开支，也吸引社会资金、企业资本参与进来，有钱的出钱，有力的出力，共创效益，互利互惠，实现双赢。更重要的是，为珠海航展事业的发展提供了必须按经济规律办事，走市场化、专业化道路的全新思维和观念。

五、招商办展

招商，是历届珠海航展极其重要，又最令人头疼的一环。对此我极为重视。在美国，我留意到当地有很成熟、很发达的中介组织机构。比如，某个公司要上市，就会有许多财务公司、证券公司、商业律师事务所等为其服务，从上市到退市，整个流程均由专业机构来设计、打理、运作。当时在中国，这样的中介公司和操作方式极为少见，大量中介机构的出现是十多年后的事情。美国的运作模式给我很大启发，于是，我将招商目标划分为欧美、北美、亚洲和国内四大区域，首次采用网络代理机制把美国的波音公司、法国的空客公司等大制造商设为专业代理，再层层下放代理。比如，将美国的波音公司设为总代理后，再由这家公司去寻求合作伙伴，负责美国境内的所有招商工作。在国内区域，我们主要是加强宣传，吸引民营企业、中小航空航天企业参展。同时，把国内众多的机场、航空航天市场推向世界，形成航空航天产业优势，把中国的产品推向世界。

但是，开展招商工作需要一笔相当大的费用开支，如何解决仍是突出问题。我们延续开发航展无形资产的思路，经研究决定，航展公司与珠海电视台联合举办"航展万里行"大型招商活动。活动费用由珠海华发股份有限公司独家赞助，由珠海航展公司、珠海电视台、珠海航展组委会成员和相关部门人员等组成招商小组，奔赴国内外各地招商。我们先后到北京、哈尔滨、上海、酒泉、西安等 8 个城市，采访了几十家单位，采集了中国航空航天事业发展的最新信息，通过媒体发布让观众了解、关注珠海航展。还到国外各大知名航展现场采访报道，利用互联网每天发回报道，珠海电视台每天滚动播出"航展万里行"新闻，CCTV-4、广东卫视、珠海电视台同期选择播报，同行的其他媒体也以各种形式进行了大量报道。

"航展万里行"大型招商系列活动历时一年，既节省了航展招商的费用，又起到了良好的宣传效果。自 2004 年创办航展以来，这一活动一直保留至今，并成为影响较大的保留活动。去国外招商时，因为企业赞助充足，我们邀请了相关部门人员先后去观摩英国范保罗航展、巴黎航展，看看世界著名的航展是怎样办出专业化、国际范儿的。大家走出国门，增长了见识，打开了眼界，明白了航展是一个专业性的商贸交易平台，参展者和主办方的专业性和权威性体现了航展的高端和盛会气象。这些人回来后，无一例外都感触颇深，为我们顺利办展给予了大力支持。

成功举办第四届航展后，为了进一步扩大影响，在第五届航展举办前夕，我们瞅准机会又乘势出击。

2004年10月的一天，公司得到一个信息："中法文化交流活动"即将开始，闻名世界的法国空军飞行表演队"法兰西巡逻兵"将随法国总理希拉克访华，并在中国进行巡回表演。我立即专程飞到北京，找到外交部、外事办相关人员，提出"把珠海列入'中法文化交流活动'的一个站点"的请求，邀请"法兰西巡逻兵"飞行表演队到珠海，在第五届航展期间作一次飞行表演。

外交部和外事办领导鉴于珠海是中国航展的举办地，同时，也被珠海人对航展的执着与赤诚打动，同意了我们的请求，很快确定了"法兰西巡逻兵"飞行表演队的巡演路线：先北京、武汉，后珠海、香港。北京是首都，武汉是人口密集的内陆城市，香港是国际化城市，而当时的珠海人口少，面积小，能成为"中法文化交流活动"的目的地之一，实在是荣幸之至。

众所周知，"法兰西巡逻兵"是世界著名的飞行表演队之一，表演用的八架"阿尔法教练机"外形酷似海豚，体态轻盈，美感十足。九名正式飞行员全是法国空军战斗机飞行员，是法国空军的精英，他们中飞行时间最短的有1800小时，最多的达4300小时。

2004年10月24日，"法兰西巡逻兵"的飞行表演在珠海如期举行，成为第五届航展上最大的亮点。此前，他们在其他城市的表演很不顺利。在北京的第一场表演因大雾而临时取消；第二次非公开表演又因7号机的无线电信号失灵，影响整场比赛，

第五届珠海航展上精彩的"法兰西巡逻兵"飞行表演

表演只进行了15分钟，做了一些简单的编队飞行，便草草结束了。在武汉，由于空气湿度大，能见度低，同样未能如愿。在珠海表演的当天，阳光明媚，晴空万里。一大早，从珠海市区到航

展中心的路上便车龙滚滚，人流不断。离表演还有 1 小时，偌大的停车场上所有的车位全被占满。因为天气好，观众热情高涨，飞行员们激情四射，纵情展现，变幻 28 个队形做了精彩表演，原定 38 分钟的表演，延续到 45 分钟才结束。

当年，"法兰西巡逻兵"表演队在中国 4 个城市的表演花费近 2 亿元人民币，平均每站的表演经费在 5000 万元左右。而此次表演我们没有花任何邀请费用，实属不易。整个表演中，最让我悬心的还是安全问题，我一直盯着最后一架飞机平安着地，忐忑不安的心才渐渐平复下来。令人欣慰的是，此次"法兰西巡逻兵"的表演仅门票收入就有好几百万。

在公司团队的共同努力下，两届航展的成功举办也让公司获益不菲：第四届航展，公司实现了收支平衡；第五届航展，公司偿还了之前累积的 7000 万元的债务后，还盈利 2000 多万元。回首过去，检点来路，我深感自己肩上的压力和责任！这不光是经济上的压力，还有观念冲突方面的压力。当时实行"管办分离"后，珠海市政府不具体办航展，由航展公司全权承办。因此，政府请的客人在珠海的吃住行由政府买单结算；政府方面的人看航展得自己掏钱买票；一些主办单位以前由航展公司送票看展，现在一切按国际化、市场化模式操作，一律不送票了，因此很多人有抵触，说风凉话。中国人喜欢讲人情，喜欢被尊重的感觉。送票请他去看航展，他觉得是看得起他，有一种被尊重的满足感。但要他自掏腰包买票看航展，他会认为这是对他的不尊重，甚至是蔑视！但实际上这是一种典型的旧观念与新思维的冲突。不过，我们坚持不送票，久而久之，大家习惯了，也就接受了。可见，规则意识的建立需要一个过程，有时候恪守规则就意味着对传统旧观念的挑战！

真正巨大无形的压力来自内心。上上下下，四面八方，国内国际，军队地方，左左右右，里里外外……各种矛盾错综复杂，各种问题纷至沓来，各种想象不到的麻烦以及突然而至的意外，常常搞得人简直喘不过气来，身心疲惫、彻夜不眠，甚至不知所措、进退两难。说实话，每办一次航展，人就像死了一次一样。尤其是航展期间的飞行表演，飞机一上天，我的心就一直悬着。天上的飞机在飞，地上的观众在看，大家前仰后合，哈哈大笑，我的心却始终怦怦直跳，生怕出意外。航展是国家行为，稍有闪失就可能造成无法估量的政治事件和国际影响，那可不得了啊……直到最后一架飞机平安着陆，我一颗悬吊着的心才真正放下来。

好在两届航展，我总算平安扛过来了。这与珠海市委、市政府以及社会各界的大力支持分不开，也得益于体育养成了我较强的抗压能力和良好的心理素质：再难、风险再大的事情总要想办法一件一件地去完成。

第五届珠海航展结束后，我被调回珠海市政府工作。2011年，我任珠海城市职业技术学院校长，同样以一腔赤诚踏上新的工作岗位。体育给了我人生的快乐和攻坚克难的力量，每天无论工作多忙碌，我都要坚持打一个小时的篮球或羽毛球。虽然在球场上我没有了当年的勇猛，却依然信心满满，斗志昂扬。如今，已过知天命之年的我回首往事，常常感慨：能与航展结缘是我今生之幸，任何艰难的历练都是人生的成长和最宝贵的财富！

【作者简介】刘华强，男，1961年2月生，四川崇州人。曾任珠海航展公司第三任董事长，现任珠海城市职业技术学院党委副书记、院长。教育学硕士、研究员。发表论文百余篇，出版三本诗集和五部专著。